W0048133

WESTEND

4.— DL

4/12 ⊘

Für B. A.

JÖRG ARMBRUSTER

BRENNPUNKT NAHOST

DIE ZERSTÖRUNG SYRIENS UND DAS VERSAGEN DES WESTENS

WESTEND

Mehr über unsere Autoren und Bücher:
www.westendverlag.de

Die Deutsche Nationalbibliothek verzeichnet diese Publikation in
der Deutschen Nationalbibliografie; detaillierte bibliografische Daten
sind im Internet über http://dnb.d-nb.de abrufbar.

ISBN 978-3-86489-037-6
© Westend Verlag GmbH, Frankfurt/Main 2013
Satz: Publikations Atelier, Dreieich
Druck und Bindung: CPI – Clausen & Bosse, Leck
Printed in Germany

Inhalt

1 Damaskus 2011

Ich hatte Glück bei meinem ersten Besuch in Damaskus nach
Ausbruch der Aufstände, Reporterglück. Fast ein Jahr hatten
wir auf die Visa gewartet; dann kam völlig überraschend die
Einreisegenehmigung, wenn auch auf fünf Tage begrenzt. Das
war im Dezember 2011. Die Aufstände gegen Assad drohten gerade zu kippen. Statt nur friedlicher Demonstrationen ging immer mehr Gewalt auch von den Rebellen aus. Zweifellos eine
Antwort auf die Gewalt, mit der das Regime von Anfang an versucht hatte, die Proteste niederzuschlagen.

Im Dezember 2011 reisten wir also in die Hauptstadt dieses
verschlossenen Polizeistaates, in dem es für einen westlichen
Journalisten kaum möglich ist, einen unbeobachteten Schritt
zu machen. Aber ich hatte ja Glück. Mit Hilfe der deutschen
Botschaft in Damaskus gelang es mir, eine Oppositionsfamilie
zu besuchen. Die deutschen Diplomaten hatten darauf verzichtet, laut und öffentlich die Demonstranten zu unterstützen, wie
es ihre französischen und amerikanischen Kollegen getan hatten. Stattdessen hatten sie auf stille Diplomatie gesetzt. Sie hatten leise und unauffällig das Vertrauen verschiedener noch in
Damaskus lebender Oppositioneller gewonnen und zu ihnen
Kontakte aufgebaut. Eine schwierige Arbeit, denn jeden Kontakt eines Syrers zu einer ausländischen Vertretung wertet der
Geheimdienst als Hochverrat. Umso erstaunlicher waren also
diese engen Kontakte zu einigen Dissidenten. Wenigstens ei-

nen hätte ich gerne getroffen bei meinem Besuch. Die meisten winkten jedoch ab. Sie wollten keinen westlichen Journalisten treffen. Zu gefährlich, sie würden rund um die Uhr bewacht. Auf solche Treffen stehe Gefängnis, wenn nicht Schlimmeres. Einer war dann schließlich doch bereit, sich auf ein Gespräch mit mir einzulassen.

Heimlich, ein bisschen konspirativ, aber erstaunlich unkompliziert. Ein unauffälliges Treffen an der Kreuzung der Adnan-al-Malki- und der Abdul-Mufti-al Riad-Straße mit einer Botschaftsmitarbeiterin, dann ein Taxi quer durch Damaskus, einmal gewechselt, schließlich ein kleiner Fußmarsch durch eine Plattenbausiedlung bis zu einem Hochhaus. Fahrt mit dem Aufzug in den zehnten Stock, dann noch zwei Stockwerke zu Fuß. Dann öffnete Mr. Samy Many die Haustür. Das war natürlich nicht sein richtiger Name. Den sollte ich erst viel später erfahren. Freundliche Begrüßung: »Schalten Sie bitte Ihr Mobiltelefon aus und lassen Sie es in der Garderobe. Die können uns auch über ausgeschaltete Telefone abhören. Wir gehen nach hinten.«

Zwei Stunden redeten wir. Ohne Kamera, aber mit einem Notizblock, den ich noch heute habe. Wenn ich meine Gesprächsnotizen lese, kann ich Samys politische Entwicklung zum Oppositionellen anhand meiner Stichworte nachzeichnen:

Sein erstes von mir notiertes Eingeständnis: »Hatte anfangs Vertrauen in die Reformbereitschaft Assads«, danach als Notiz: »Nichts ist geschehen. Jedes Vertrauen verloren« und schließlich: »fünf Jahre Gefängnis nach dem Damaszener Frühling 2001«, und immer wieder Samys Fazit: »Das Regime ändert sich nicht!«

Weitere Stichworte auf meinem Notizblock sind: »Korruption, Wirtschaftswunder in die eigene Tasche«, »die Wirtschaft in der Hand weniger« und schließlich »Fünfzig Prozent der Syrer unter Armutsgrenze. Hohe Arbeitslosigkeit. Große Unzufriedenheit.«

Ausführlich hatte er mir von den Foltermethoden der verschiedenen Geheimdienste erzählt. »Foltern ohne Grenzen«, das hatte ich mir notiert, denn das sei das Motto dieser Sicherheitsdienste: Vergewaltigung von gefangenen Frauen oder Männern, Fingernägel ausreißen, selbst bei Jugendlichen, Elektroschocks oder sechs Tage stehen am Stück, ohne sich anlehnen zu dürfen. »Wenn der so Gequälte in Ohnmacht fällt, dann wird er mit eiskaltem Wasser wieder aufgeweckt«, hatte er erzählt. Oft würden Gefolterte nach ein paar Wochen wieder freigelassen, damit sie draußen von dem Grauen erzählen. Das solle abschrecken und Menschen davon abbringen, zu Demonstrationen zu gehen. 150 000 politische Gefangene gäbe es im Augenblick, berichtete er mir im Dezember 2011. Westliche Menschenrechtsorganisationen bestätigen diese täglichen Schrecken in Syriens Gefängnissen. Einige sprachen damals allerdings von »nur« 30 000 politischen Gefangenen.

Und trotzdem gingen die Menschen auf die Straße, um zu demonstrieren. »Immer mehr würden es, auch wenn die Armee auf die Massen schieße. Die Mauer der Angst sei endgültig durchbrochen.« Samy war spürbar stolz auf seine unbeugsamen Syrer.

»Und was erwartest du vom Westen? Mehr Sanktionen?«, hatte ich ihn damals gefragt.

»Nein, Sanktionen bringen nichts. Die treffen nur die Armen. Das Regime bekommt sowieso immer, was es will. Ich hoffe, dass der Westen die Freie Syrische Armee militärisch ausrüstet und eine Flugverbotszone einrichtet.«

Das war Ende 2011. Seine Hoffnung wurde nicht erfüllt: keine militärische Aufrüstung außer Schutzwesten und Funkgeräte, keine Flugverbotszone, keine sicheren Korridore für Flüchtlinge. Mehrere Millionen Entwurzelte suchen inzwischen im Land irgendwo Schutz. Bald anderthalb Millionen sind in die Nachbarländer Türkei, Jordanien und Libanon geflohen. Außer Sanktionen und Flüchtlingshilfen keine weitere Unterstützung. Diese Sanktionen haben »die schlimmsten Auswirkungen auf die unteren sozialen Klassen« (nach Omar S. Dahi in Inamo, Jahrgang 19, Sommer 2013), schreiben Wirtschaftswissenschaftler des in Paris erscheinenden ›Syria Report‹.

In jenem Dezember 2011 meldeten die Berichterstatter 10 000 Tote, und die Welt gab sich erschrocken. Bis Juli 2013 hat die UNO über 100 000 Tote gezählt. Wirklich entsetzt ist aber kaum noch jemand, obwohl die Zahl der Opfer steigt und steigt. Auf beiden Seiten, der der Rebellen und der der Anhänger Assads. Und auf beiden sterben als erstes die Zivilisten. In Homs rückt die Assad-Armee vor, in Aleppo Djihadisten-Brigaden. Sie besetzen Stadtteile, die keine mehr sind, sondern Trümmerfelder. Geredet wird jedes Mal von militärischem Durchbruch. Tatsächlich hat sich im Sommer 2013 der Krieg festgefressen. Keine Seite scheint siegen zu können. Grund genug für einen Waffenstillstand. Eigentlich. Doch beide wissen genau, überlebt der Gegner, ist man selbst verloren. Der Hass sitzt zu tief, als dass Aussöhnung noch möglich zu sein scheint.

So weit war es im Dezember 2011 noch lange nicht, damals war es schwer, sich eine solche Entwicklung bis hin zur Unversöhnlichkeit vorzustellen. Damals glaubten viele, lange könne sich das Regime ohnehin nicht halten. Nach zwei Stunden daher als meine letzte Frage:

»Wie lange gibst du dem Regime noch?«

Seine Antwort – im Notizblock im Wortlaut mitgeschrieben:

»Es wird noch vier bis sechs Monate dauern. Länger nicht!«

So hatten damals, 2011 und auch noch lange 2012, die meisten gedacht und gehofft.

2 Reportagen aus einem zerrütteten Land

ALEPPO, Rebellenland, OSTERWOCHE 2013

Der Mann im Nachbarbett stöhnte bei jeder Bewegung, mehrmals schrie er kurz, manchmal war nur ein Wimmern zu hören. Er muss fürchterliche Schmerzen gehabt haben. Selbst atmen schien für ihn eine Folter zu sein, manchmal reichte seine Kraft nur noch zu einem langen und lauten Jammerlaut. Die Pfleger kamen immer wieder, um ihm ein Schmerzmittel zu injizieren. Das schien für einige Zeit zu helfen. Jedenfalls atmete er dann ruhiger. Vielleicht schlief er sogar. Wie lange weiß ich nicht, ich hatte selbst jedes Zeitgefühl verloren. Auch ich schlief immer wieder ein dank der Schmerz- und Schlafmittel, die mir die Pfleger über Kanülen in meinen Körper tropfen ließen. Vermutlich dämmerte ich ohnehin die meiste Zeit in dem kleinen karg eingerichteten Kriegslazarett in Aleppo in einem Zustand irgendwo zwischen Schlaf, Bewusstlosigkeit und Halbwachem, nachdem der Chirurg Dr. Amar meine zerschossene Arterie im Unterarm zusammengeflickt und die Kugel aus dem Magen herausoperiert hatte. Meinen zertrümmerten Arm noch verbinden, das war's. Mehr hatte er in dem Notkrankenhaus nicht leisten können. Mein Leben hatte er durch die gekonnten Eingriffe gerettet. Ein kleines Wunder. Ich würde weiterleben. Wie schwer meine Verletzungen tatsächlich waren, konnte ich damals nur ahnen. Dass um mich herum Menschen starben, nahm ich auch nur schemenhaft wahr, teilnahmslos, fast apathisch, wie durch einen Nebelschleier, in den mich die Schmerzmittel gehüllt hatten.

Irgendwann – vielleicht am frühen Morgen des nächsten Tages – stöhnte der Mann im Nachbarbett nicht mehr, zu mir drang ein immer leiser werdendes Röcheln. Dann kam nur noch ein Wimmern. Dann kamen die Klageweiber. Angehörige schlugen weiße Leintücher um den Toten. Später erfuhr ich, er soll ein Handwerker gewesen sein, der sich auf Dachantennen spezialisiert hatte. Bei einer Montage am Vortag hatten Scharfschützen der anderen Seite ihn entdeckt und regelrecht abgeschossen.

Vielleicht eine Stunde nach dem Abtransport des Toten kam endlich der Krankenwagen, der mich zur türkischen Grenze bringen sollte. »Den brauchen wir eigentlich für unsere verletzten Kämpfer«, hatte Dr. Amar ursprünglich entschieden, dann aber doch einen für mich freigegeben, obwohl ich in seinen Augen nur ein leichter Fall war. Der Ostersamstag war aber ein verhältnismäßig ruhiger Tag in Aleppo, also einer mit wenigen Verletzten, mit wenigen Toten. Am Vormittag transportieren mich zwei Pfleger auf einer Trage zum Krankenwagen, vorbei an drei auf der Straße liegenden Toten. In weiße Tücher waren sie gehüllt. Auch sie waren in der Nacht im Krankenhaus ihren Verletzungen erlegen.

Dann – eine Stunde Holperfahrt durch die Schlaglöcher der Verbindungsstraße zur Türkei. Mein Freund und Kollege Martin Durm hielt meine unverletzte linke Hand und versuchte mich zu beruhigen. Wie eine Erlösung sein Satz: »Jetzt haben wir Aleppo hinter uns gelassen.« Schließlich hatte der Krankenwagen die syrisch-türkische Grenzstation bei Killis erreicht. Bab al-Salam heißt sie, Tor des Friedens. Vor einer Woche waren wir hier eingereist in den von den Rebellen kontrollierten Teil Syriens.

DAMASKUS, Assad-Land, SOMMER 2012

Der allererste Gang eines Auslandskorrespondenten in Damaskus führt zu Abeer, egal ob geschossen wird oder nicht, egal ob eine Bombe explodiert ist, egal ob der Heimatsender nach einem live oder einem schnellen Bericht ruft. An Abeer kommt kein Reporter in der syrischen Hauptstadt vorbei. Ohne Abeer geht nichts, mit Abeer geht allerdings auch fast nichts. Abeer ist im syrischen Informationsministerium zuständig für die ausländischen Journalisten, also für die feindliche Presse, so jedenfalls nimmt uns der syrische Geheimdienst wahr.

Hinter einem wuchtigen Schreibtisch aus dunklem Holz sitzt sie. Das Büro groß mit den üblichen Assad-Bildern an Wänden, denen ein paar neue Bahnen Tapete nicht schaden würden. Ein Fernseher läuft mit syrischen Nachrichten: »Die heldenhaften Soldaten vertreiben die von den USA gesteuerten Terroristen.« Von einer syrischen Tragödie ist in diesem Fernsehprogramm nichts zu spüren. Wir sitzen in einer ausgeleierten Couchgarnitur im Stil des arabischen Barocks und sehen sie erwartungsvoll an. Ein paar Floskeln über die Hitze, die Schönheit des Souks sollen den Eispanzer brechen, der sie umgibt. Ist sie einigermaßen erträglich gelaunt, bringt eine verschüchterte Sekretärin Tee für uns, hat Abeer schlechte Laune, was nicht selten vorkommt, bekommt man nichts, was nicht weiter schlimm ist, der Tee ist ohnehin immer unerträglich überzuckert. Für uns gilt: immer freundlich bleiben, und wenn sie fragt, was man von Syrien halt, dann dreimal schlucken und vorsichtig andeuten, dass das Land sicherlich noch eine großartige Zukunft vor sich habe. Lächelt sie zufrieden, ist das die beste Gelegenheit, Dreh- und Interviewwünsche vorzutragen. Sie hört zu, runzelt die Stirn, gleicht in ihrem Kopf unsere Wünsche mit den Vorschriften ihrer Vorgesetzten ab. Dann kommt die Sache mit dem Daumen. Sie ist gewissermaßen der publizistische

Daumen des Regimes. Sie hebt oder senkt ihn bei Visa, sie hört sich gelangweilt an, was und wo wir drehen wollen, und wieder entscheidet ihr Daumen oben oder unten über ja oder nein. Erst wer diesen Bittgang erfolgreich hinter sich gebracht hat, kann seine Kamera auspacken und mit der Arbeit anfangen.

Alle fünf Tage wiederholt sich diese Prozedur. Alle fünf Tage muss die Dreherlaubnis erneuert werden. Allerdings, wer glaubt, mit einem Brief von Abeer einen Freifahrtschein für Dreharbeiten in der Tasche zu haben, irrt. Spätestens an der

Assad und sein Clan

Baschar al-Assad: *Präsident Syriens seit 2000, geboren am 11. September 1965, in den achtziger Jahren Ausbildung zum Augenarzt in London. Nachdem sein Bruders Basil, der als Nachfolger seines Vaters Hafiz al-Assad vorgesehen war, am 21. Januar 1994 bei einem Autounfall ums Leben gekommen war, wurde Baschar als Nachfolger aufgebaut.*

Unter seiner Ägide ermöglichte der Präsident von 2000 bis 2001 den »Damaszener Frühling«, erlaubte Debattierclubs der Opposition und versprach, das Land politisch zu öffnen. Das Ergebnis: Trotz wirtschaftlicher Öffnung des Landes setzte eine brutale politische Verfolgung ein.

Mahir al-Assad *(*1967), Kommandeur der Republikanischen Garde in Damaskus; ihm wird ein aggressiver und unkontrollierter Charakter nachgesagt. Er befehligte 2008 die Niederschlagung eines Gefängnisaufstandes in Saidnaya. Im Internet gibt es ein Video, in dem er dabei mit seinem Mobiltelefon Bilder von toten politischen Gefangenen macht.*

Im Zuge der Proteste 2011 in Damaskus habe er persönlich auf Demonstranten geschossen. Bei einem Bombenanschlag in Damaskus am 18. Juli 2012 soll er ein oder sogar beide Beine verloren haben und sich seither in lebensbedrohlichem Gesundheitszustand befinden.

nächsten Straßensperre kann der Kommandant ein Drehverbot erteilen. Keine Dreherlaubnis für diesen Stadtteil, in dem gerade noch gekämpft worden war, keine Dreherlaubnis an dieser Moschee, die Kamera könnte Demonstrationen provozieren, keine Dreherlaubnis an jener Straßenkreuzung, dort stehen zu viele Soldaten. Keine Dreherlaubnis hier, keine dort. Höchstens mal ein Interview. Aber was heißt hier schon Interviews? Die Antworten sind immer dieselben, egal wen man fragt; denn neben der Kamera steht ein Begleiter des Informati-

Assef Schawkat *(*1950 in Tartus; † 18. Juli 2012 in Damaskus), Schwager von Baschar und Mahir al-Assad, war Generalmajor und seit 2009 Stellvertreter des syrischen Generalstabschefs. Zuvor war er vier Jahre lang Chef des syrischen Militärgeheimdienstes. Er soll bei der Ermordung des libanesischen Politikers Rafiq Hariri eine Schlüsselrolle gespielt haben. Wurde bei dem Anschlag am 18. Juli 2012 in Damaskus getötet.*

Fawaz al-Assad und Munzer al-Assad. *Beide Cousins von Baschar al-Assad, sollen Chefs der sogenannten der besonders grausamen Shabiha-Miliz sein.*

Rami Machluf *(*1969) gilt als der reichste Geschäftsmann Syriens, Cousin ersten Grades des syrischen Präsidenten Baschar al-Assad. Besitzer der syrischen Telekom. Außerdem kontrolliert er Duty-free-Shops, Freihandelszonen, Immobilien- und Bankgeschäfte. Es wird gesagt: kein Geschäft in Syrien ohne Rami.*

Hafiz Machluf, *ein Vetter Baschar al-Assads, hat ebenfalls einen führenden Posten in einem der Sicherheitsdienste. Er und sein Bruder Rami sind Neffen von Anisa Machluf, der Ehefrau des verstorbenen Präsidenten Hafis al-Assad. Möglichweise bei dem Anschlag am 18. Juli 2012 getötet.*

▶

onsministeriums, der genau zuhört. Es wäre also verwunderlich, wenn jemand Kritik an Assad riskierte. Er müsste jederzeit mit einem Besuch des syrischen Geheimdienstes rechnen. Und der ist nie zimperlich mit Assad-Gegnern umgesprungen. Aus dem Machtbereich der Assads berichten zu müssen ist eine undankbare Aufgabe.

Junge Syrer aus der neuen Oppositionsbewegung in Damaskus zu treffen ist für ein Fernsehteam fast ein Ding der Unmöglichkeit. Dazu sind wir mit unserem schweren Gerät zu auffällig. Verlassen wir unser Hotel, dann greift irgendein in der Lobby herumlungernder Geheimdienstler sofort zum Mobiltelefon und macht Meldung. Und ohne Begleiter dürfen wir ohnehin nicht mit unserer Kamera auf die Straße.

Bei unserem Besuch im Juni 2012 hatten wir es dennoch versucht. Per E-Mail und mit Hilfe der in Berlin ansässigen Organi-

Dhu al-Himma Schalisch *ist der Cousin des Präsidenten und ist mitverantwortlich für dessen Sicherheit. Die US-Regierung verhängte wegen mutmaßlicher Waffenlieferungen in den Irak Sanktionen gegen ihn.*

Der **Machluf-Teil des Assad-Clans** *sichert ihn finanziell ab.*

Die **Assads** *selbst sichern die Macht des Clans durch Militär, Geheimdienste und Milizen ab.*

Rifaat al-Assad *ist ein jüngerer Bruder von Hafiz al-Assad. Er lebt in Europa im Exil und rechnet sich selbst zur Opposition. Die meisten Oppositionellen wollen mit ihm jedoch nichts zu tun haben, da er die Kritiker Hafiz al-Assads, des Vaters von Baschar, einst genauso mit Gewalt niedergemacht hatte, wie dies heute Mahir al-Assad tut. Einer der Hauptverantwortlichen für das Massaker von Hama 1981. Schlüsselpositionen in Armee, Geheimdienst und Milizen sind mit Alawiten besetzt, der Religionsgemeinschaft des Assad-Clans.*

sation »Adopt a Revolution« hatten wir Kontakt zu einer Gruppe von Studenten in Damaskus aufgebaut, Mitglieder der unabhängigen »Union freier syrischer Studenten«, die sich als Gegengewicht zu den staatlichen Studentenverbänden gegründet hatten. Die Berliner Aktivisten hatten immer wieder geklagt: »Ihr berichtet nur über Gewalt in Syrien. Dabei gibt es auch immer noch die friedliche Opposition.« Leider nicht ganz falsch. Aber wie berichten, wenn der Kontakt fehlt?

Über mehrere Tage zog sich der Austausch der Mails hin. In einer der Nachrichten bestätigten die Studenten, die sich natürlich nur unter einem Decknamen meldeten, für sie kämen nur friedliche Mittel zu einem Umsturz in Frage, Gewalt führe unweigerlich zu noch mehr Gewalt. Sie hatten sich daher nur an friedlichen Demonstrationen beteiligt, sie wussten aber auch, dass der Geheimdienst hinter ihnen her war und auf eine

*Die **Baathpartei** ist die zweite Stütze des Regimes.*
Parteivorsitzender: Baschar al-Assad seit 2000.
Staatspartei mit säkularer panarabischer Ausrichtung.
Gegründet 1947 als pluralistische Partei mit dem Slogan ›Einheit, Freiheit, Sozialismus‹.
Wie im Irak putschte sich die Baathpartei auch in Syrien an die Macht, und zwar am 8. März 1963. Ab da Staatspartei mit totalitären Zügen.
Die Mitgliedschaft in der Baathpartei war Voraussetzung, um in Syrien Karriere im Staatsdienst zu machen.
Im syrischen Parlament verfügt die Baathpartei schon immer über eine klare Mehrheit. Syrien ist also de facto ein Einparteienstaat, auch wenn die Baathpartei formal eine Koalition mit kleineren Blockparteien eingegangen ist.
Seit 2011 sind auch andere Parteien zugelassen, aber nur wenn sie nicht religiös ausgerichtet sind. Das Machtmonopol der Baathpartei wurde dadurch nicht gebrochen.

Möglichkeit lauerte, sie festzunehmen. Und was das für jeden einzelnen bedeuten würde, wussten sie nur zu gut: endlose Verhöre, Folter, vielleicht sogar der Tod. Das war ihr Risiko bei einem Treffen, unseres im ungünstigsten Falle die Ausweisung.

Und dennoch: Immer wieder versuchten wir uns zu verabreden, machten geheime Erkennungszeichen aus, legten Treffpunkte fest, versprachen die kleinste Kamera unserer Ausrüstung mitzunehmen, den Begleiter abzuschütteln und nur zu zweit zu kommen. Doch jedes Mal kurz vor dem Treffen kam diese Mail: »Es geht nicht. Zu viele Geheimdienstler im Stadtteil. Es ist zu gefährlich.«

Feststeht: Im Bürgerkrieg in Syrien gewinnen immer mehr die Radikalen die Oberhand, die sunnitischen Djihadisten und Terroristen aus den verschiedensten islamischen Ländern auf der einen Seite. Assad wiederum kann sich auf seine Unterstützer verlassen, auf die Mullah im Iran, die Kämpfer der Hisbollah aus dem Libanon und auf Russland, das fast nibelungentreu zu ihm steht. Doch es gibt diese ganz Mutigen immer noch, die fest daran glauben, sie könnten das Regime mit friedlichen Mitteln stürzen, die kleinen Gandhis und Mandelas, die an die Kraft konsequenter Verweigerung glauben, an den zivilen Ungehorsam, an die Stärke gewaltfreier Demonstrationen. Und das mitten in einem Meer von Blut, Schlachtfeldern, auf denen es keine Gnade gibt und mitten unter Religionskriegern, die sich inzwischen gegenseitig die Köpfe einschlagen, und das im Namen des gleichen Gottes. Auch wenn ich die Studenten der »Union freier syrischer Studenten« nie kennengelernt habe, sie haben meinen größten Respekt.

AZAZ, Rebellenland, OSTERWOCHE 2013

Azaz hämmert. Azaz bohrt. Azaz lärmt. Azaz ist Krach. Azaz ist ein ölverschmierter keuchender Dieselmotor, der das Gestänge eines Bohrturms antreibt. Jeden Morgen um sechs springt die Lärmmaschine an und treibt den Bohrkopf immer tiefer in Richtung Erdmittelpunkt, ohrenbetäubend und jeden aus dem Schlaf reißend, bis zehn Uhr abends geht das so. Natürlich stand diese Anlage neben dem Haus, in dem wir untergebracht waren, als wir das von den Rebellen kontrollierte Nordsyrien besuchten. Sie warf uns jeden Morgen um sechs Uhr von den Matratzen.

Azaz ist natürlich auch eine mittelgroße Stadt in Syrien und liegt nur wenige Kilometer entfernt von der syrisch-türkischen Grenze. Azaz – ein wichtiger Verkehrsknotenpunkt im Norden des Landes. Straßen aus der Türkei kreuzen sich mit syrischen Straßen aus dem Osten oder Westen. 70 000 Menschen lebten hier zu Friedenszeiten, die meisten sind geflohen, dafür haben sich Flüchtlinge aus anderen Teilen des Landes hier niedergelassen. Vielleicht zehn- oder 20 000 Menschen leben noch zwischen den Trümmern der Stadt. Azaz ist eine Geisterstadt. Am 20. Juli 2012 hatten die Rebellen die Stadt erobert, doch Friede hat diese Befreiung den Menschen in der Stadt nicht gebracht.

Syriens Präsident plant offensichtlich, Azaz systematisch unbewohnbar zu machen, genauso wie auch andere von den Rebellen eroberte Städte. Regelmäßig lässt er die Stadt bombardieren. Das große Krankenhaus – durch seine Raketen zerstört. Ebenso Schulen, Moscheen und andere öffentliche Einrichtungen – alles in Trümmern. Kaum eine Straße ohne Ruinen. In Schutt und Asche soll die Stadt offensichtlich gelegt werden. Die Rebellenstädte sollen entvölkert, die Bewohner in die Flucht getrieben werden. Das scheint der Plan zu sein. Ein fast alttestamentarisches Strafgericht soll über das eigene Volk hereinbrechen, das es gewagt hat, sich gegen den König zu erheben. Nirgends sollen sich die Bewohner mehr sicher fühlen. Jederzeit können Raketen einschlagen, Bomben fallen, Granaten explodieren. Wie von den Göttern gelenkte Blitze aus heiterem Himmel. Terror pur gegen die eigene Bevölkerung.

Große Teile der Infrastruktur sind schon zerstört, Elektrizität, Müll, Kanalisation und die Wasserversorgung. Denn darunter leidet Azaz ganz besonders, wie überhaupt die meisten Städte und Regionen Syriens: Wassermangel infolge der Kriegszerstörungen, aber auch wegen einer seit Jahren andauernden Dürre. Daher bohren an verschiedenen Stellen in der Stadt Suchtrupps nach Wasser. Auch die Krachmacher vor unserem Haus sind Wassersucher.

»Wir brauchen Wasser, sonst können wir hier nicht mehr lange durchhalten. Das müsst ihr halt aushalten«, hatte unser Gastgeber und Führer Anwar uns gemahnt.

Anwar, ein Kämpfer bei einer Rebelleneinheit. Seine Kalaschnikow hat er für die Zeit unseres Besuchs in die Ecke gestellt, um uns durch das Kriegsgebiet führen zu können. Auch freute er sich, seine vor einem halben Jahr geborene Tochter nun öfters sehen zu können. Nach unserem Besuch will er zu seiner Kampfbrigade in Aleppo zurückkehren.

Er wird uns die nächsten Tage begleiten, als kundiger Führer und engagierter Oppositioneller. Anwar spricht begeistert von seinen befreiten Gebieten, fast so, als habe er ganz alleine die Truppen Assads vertrieben.

Am ersten Tag führt er uns nach Tel Rifa'at. Eine Kleinstadt, eine halbe Stunde von Azaz entfernt, eigentlich viel zu unbedeutend, um eine dramatische Rolle in diesem Bürgerkrieg spielen zu müssen – hätte die Stadt nicht das Pech, nur sieben Kilometer von einem heftig umkämpften Hubschrauberflugplatz entfernt zu liegen. Die Menschen dort – Bauern, Handwerker, ehemalige Staatsangestellte. Heute sind fast alle arbeitslos. Und auch hier, obwohl klein und unauffällig, in Tel Rifa'at erleben wir das Gleiche wie in größeren Städten wie Azaz oder Aleppo: Assads Staatsterror gegen die eigene Bevölkerung. Regelmäßig wird das Städtchen bombardiert, obwohl es militärisch keine wichtige Rolle spielt. Allein in den ersten drei Monaten des Jahres sollen 25 Raketen in Wohngebiete eingeschlagen sein. Elf Meter lange aus Nordkorea stammende Scud-Raketen, die große Sprengköpfe transportieren, sollen es gewesen sein, erzählten uns die Einwohner.

»Die Rakete schlug ein, als die ganze Familie zusammensaß. Ganz plötzlich. Wir hatten nichts gehört. Keine Warnung. Nichts, plötzlich war sie da«, berichtet uns Khalid Nawaf, ein Mann mit fast weißem Haar, obwohl er erst Anfang vierzig ist.

Er führt uns in die Trümmerlandschaft, die einmal sein Haus gewesen war. »Es war halb zehn abends. Es gab nur Verletzte. Alhamdullilah. Jetzt haben wir nichts mehr, außer dem, was wir auf dem Leib tragen.«

Die Nächte in dem von den Rebellen kontrollierten Teil im Norden Syriens sind die gefährlichste Tageszeit für Zivilisten und Wohngebiete die bevorzugten Ziele von Assads Raketenoffizieren. Meistens abends oder mitten in der Nacht feuern sie ihre Geschosse ab, dann können Assads Strategen sicher sein, dass auf der feindlichen Seite der Front die Menschen beim Essen zusammensitzen oder nachts sich die Familien in ihren Häusern versammelt haben und schlafen. Raketenangriffe also immer zu Zeiten, zu denen möglichst viele Menschen getötet und unter den Trümmern verschüttet werden. Auch die Giftgasgranaten vom 21. August explodierten in den Vororten von Damaskus, zwei Stunden nach Mitternacht.

Bei unserem Rundgang durch die Straßen von Tel Rifa'at spricht Anwar einen Mann an und stellt uns ihm vor. Es ist Ahmed Abu Saif, Sprecher des neu eingesetzten Stadtrats von Tel Rifa'at. Solche Stadträte – in einigen Orten gewählt, in anderen von Militärkommandanten ernannt – sind die ersten Versuche, so etwas wie Ordnung in das Kriegschaos zu bringen und Selbsthilfe zu organisieren. Denn von außen kommt so gut wie keine Hilfe in das von den Rebellen kontrollierte Gebiet. Sicherheit sei das größte Problem, sagt der Sprecher des Stadtrats, Abu Saif, noch vor Wassermangel und dem fehlenden Strom.

»Wir sind dem Beschuss hilflos ausgeliefert«, klagt er, »wir können uns nicht wehren, wir haben keine Flugabwehrgeschütze. Wir können unsere Bürger nicht warnen. Selbst Blindgänger können wir nicht entschärfen.«

Dann klettert er mit uns auf ein Hausdach und zeigt uns einen runden Metallbehälter, ungefähr dreißig Zentimeter lang und fünfzehn Zentimeter im Durchmesser.

»Das ist ein Bomblet aus einer Streubombe, die ein Kampfflugzeug über uns abgeworfen hat.« Solche Streubomben verteilen ihre Bombenlast großflächig im Zielgebiet, in Wohngebieten zum Beispiel. Bis zu dreißig Prozent dieser Minibomben landen als Blindgänger und explodieren erst bei Berührung. Seit Wochen lag dieser kleine, aber mörderische Explosivkörper auf dem Dach, und niemand wagte ihn anzurühren. Aus gutem Grund. Denn diese heimtückischen Waffen können so eingestellt sein, dass sie bei der geringsten Berührung jeden zerreißen.

«Professionelle Bombenentschärfer gab es weit und breit nicht«, klagt der Stadtsprecher. Besonders Kinder seien gefährdet, die spielen den ganzen Tag im Freien und fassen alles an. »Noch nicht einmal Schulen haben wir, um sie wenigstens für ein paar Stunden von der Straße zu holen.«

Der engagierte Stadtrat Ahmad Abu Saif wird immer wieder auf der Straße von Bürgern angesprochen:

»Was sollen wir machen? Wir haben keine Arbeit.« Oder »Seit Wochen haben wir kein Wasser.« Viel versprechen kann er nicht, daher kommt fast immer als Standardantwort:

»Wenden Sie sich bitte an den entsprechenden Ausschuss. Vielleicht können die was machen.« Die neun Ausschüsse des Stadtrats versuchen die drängendsten Probleme der Bürger von Tel Rifa'at zu lösen, fehlendes Wasser, kaum Elektrizität oder das Krankenhaus, das immerhin mit Geldern aus Kroatien wiederaufgebaut wurde. Die zerstörte Schule wollten die Grünhelme von Rupert Neudeck, eine deutsche Hilfsorganisation, wieder einsatzfähig machen, doch sie mussten die Bauarbeiten im Frühjahr 2013 wieder einstellen. Die ständigen Luftangriffe waren zu gefährlich für die deutschen Freiwilligen. Einige Wochen später wurden sie an einem anderen Einsatzort von Islamisten entführt. Die beiden Deutschen des Teams kamen nach sieben Wochen wieder frei, der dritte Entführte, ein Deutsch-Syrer, erst Anfang September. Nichtsyrische Djihadisten hatten sie als Geiseln genommen. Die Geiseln erzählten nach ihrer Freilassung, zu den Kidnappern gehörten auch deutsch sprechende. Möglicherweise ist sogar eine islamistische Hilfsorganisation aus Deutschland in diese Entführung verstrickt.

Keinen Einfluss hat der Stadtrat von Tel Rifa'at auf die horrenden Lebensmittelpreise. In den meisten Städten bieten Händler zwar fast alles an, Tomaten, Kartoffeln, Obst, Auberginen oder Zucchini. Alles aber bis zum Fünffachen der früheren Preise. Für das gesamte Rebellengebiet müssen immer mehr Lebensmittel aus der Türkei importiert werden, auch weil die syrische Luftwaffe ihre Streubomben über Feldern abwirft, um sie so für die Landwirtschaft unbrauchbar zu machen. Kein Bauer wagt sich mit seinen Traktor auf einen Acker, der mit Bomblets verseucht ist. Wenn er überhaupt bezahlbaren Diesel für seinen Traktor bekäme. Benzin oder Diesel könnten die Bürger literweise in den Straßen kaufen. Händler haben es in Flaschen oder Kanister abgefüllt und bieten es zu horrenden Preisen an. Woher es stammt? Zwischen der Regierungsseite und der Rebellenseite gäbe es einen blühenden Schmuggel, erklärt uns Abu Seif. Die einzige noch arbeitende Raffinerie läge im von Assad kontrollierten Teil Syriens. Dort würden es Händler besorgen, in das Rebellengebiet schmuggeln und hier dann teuer verkaufen. Ein Bombengeschäft.

Wie in Azaz haben Kämpfer der Freien Syrischen Armee im Sommer 2012 auch in Tel Rifa'at die Truppen Assads zum Rückzug gezwungen. Ruhe hat diese Eroberung der kleinen Stadt aber ebenfalls nicht gebracht. Bombardierungen aus der Luft, Raketenbeschuss, einschlagende Granaten, all das gehört hier schon fast zum Alltag der Menschen. Ebenso wie fast jeden Tag Kriegstote. Ganze Straßenzüge sind zerstört. Kein Wunder, dass ein großer Teil der Einwohner in die nahe Türkei geflohen ist. Fast zwei Drittel sollen es sein. Viele der Menschen, die im Augenblick in Tel Rifa'at leben, kennt Abu Saif gar nicht, weil sie sich als Flüchtlinge aus dem umkämpften Aleppo gerettet hatten oder aus Dörfern nahe der Frontlinie, die sich jeden Tag ver-

Religiöse und ethnische Minderheiten in Syrien

73 % der Syrer sind Sunniten.

Christen, *etwa zehn Prozent, leben hauptsächlich im Großraum von Damaskus, Homs und Aleppo. Es gibt insgesamt elf christliche Konfessionen.*

Alawiten, *eine Abspaltung von den Schiiten, etwa zwölf Prozent, leben hauptsächlich im Nordwesten des Landes in Latakia und dem Gebirge Dschebel Ansariye.*

Drusen, *eine weitere Abspaltung von den Schiiten, etwa vier Prozent, leben an den Rändern des Golan im Dschebel ad-Duruz.*

Schiiten, *etwa ein Prozent, leben in Damaskus.*

Jeziden, *ein paar Tausend, werden meistens den Kurden zugerechnet, leben zwischen Aleppo und Afrin.*

schiebt. Ständig kommen neue Flüchtlinge, oder Familien kehren in ihre Heimatdörfer zurück, weil dort die Gefahr vielleicht nachgelassen hat.

Während Abu Saif uns durch die Straßen von Tel Rifa'at führt, hören wir in der Ferne immer wieder dumpfes Grollen. Assads auf dem Hubschrauberlandeplatz eingeschlossene Armee beschießt die Belagerer mit Artillerie. Die antwortet mit Mörsergranaten.

»Heute ist es harmlos«, beruhigt Abu Saif, »wenn aber heftig gekämpft wird, landen häufig Granaten in der Stadt.«

Am späten Nachmittag drängt Anwar zur Rückkehr nach Azaz. Der Kampflärm vom Flugplatz scheint ihn zu beunruhigen. Wir verabschieden uns, versprechen aber wiederzukommen, um die anderen Ausschusssprecher kennenzulernen. Tel Rifa'at – eine ganz normale syrische Stadt im Rebellenteil des Landes an einem ganz normalen, eher friedlichen Tag.

Juden, *nur noch wenige in Damaskus und Aleppo, die meisten der ursprünglich großen Gemeinden (1943 ungefähr 45000 insgesamt) sind ausgewandert.*

Kurden, *etwa 10 bis 13 Prozent der Bevölkerung, leben in Damaskus, in Aleppo und in der Provinz im Nordosten des Landes Al-Hasaka. Zahlen ungenau, da vielen in den sechziger Jahren die Staatsangehörigkeit entzogen worden war.*

Armenier, *etwa zwei Prozent der Bevölkerung, leben hauptsächlich in Aleppo und kleinere Teile in Damaskus.*

Hinzu kommen **Tscherkessen** *und* **Turkmenen** *als Minderheit und christliche aramäisch sprechende* **Assyrer.**

Außerdem 476000 **palästinensische Flüchtlinge** *in und um Damaskus.*

Später nach unserer Rückkehr nach Azaz besuchen wir noch ein kleines, von der deutschen Hilfsorganisation *Cap Anamur* betreutes, Krankenhaus, in dem die Ärzte im Keller operieren. Sie hoffen, hier besser gegen Bomben geschützt zu sein als in den Stockwerken darüber. Während wir mit den Ärzten reden, plötzlich Lärm, Stimmen in Panik, Kindergeschrei. Männer bringen zwei kleine Kinder in den Operationsraum. Köpfe und Körper des vielleicht fünfjährigen Jungen und des Mädchens sind mit blutenden Wunden übersät.

»Das Mädchen schwebt in Lebensgefahr«, sieht einer der Ärzte sofort und beginnt im Operationssaal die tiefen Wunden, die der Granatsplitter gerissen hat, zu reinigen. Beide Kinder schreien verzweifelt und entsetzt. Sie stehen unter Schock. Einer der beiden Männer berichtet dem Arzt, die beiden, Hassan und seine vierjährige Schwester Duaa, hätten auf der Straße gespielt, als plötzlich eine Granate einschlug. Das sei vor gut einer halben Stunde gewesen.

»Wo kommt ihr her«, fragt der syrische Arzt. Die Antwort: »Aus Tel Rifa'at!«

DAMASKUS, Assad-Land, SOMMER 2012

Als die UNO noch ihre dreihundert Beobachter in Damaskus stationiert hatte – das war bis August 2012 – konnten die ausländischen Berichterstatter im Windschatten der UNSMIS-Konvois (United Nations Supervision Mission in Syria) durch Syrien fahren. Auf solchen Reisen, die zeitweilig bis in den Norden des Landes führten und mehrere Tage dauerten, konnten wir eine Ahnung davon bekommen, wie brutal das Militär mit den Rebellen umging, wie erbarmungslos der Kampf von beiden Seiten geführt wird. Al Haffah zum Beispiel, eine Stadt ganz im Norden nahe der Grenze zur Türkei. Mehrheitlich wird sie von Sunniten bewohnt, ist aber eingeschlossen von alawitischen Dörfern.

Im Juni 2012 begleiteten Kameramann Jürgen Killenberger und ich die UN-Beobachter dorthin. Auf der Fahrt nach Al Haffah passiert der Konvoi solche alawitischen Dörfer. Den vorausfahrenden syrischen Soldaten jubeln die Bewohner begeistert zu. Als unser UN-Konvoi das Dorf erreicht, schütteln sie die Fäuste oder zeigen durch obszöne Gesten, was sie von der UNO halten. Ausländer sind ganz offensichtlich nicht erwünscht. Damals berichtete ich für die Tageschau:

»Schon weit vor der Stadt sehen wir die Zerstörungen des Krieges, der hier bis vor zwei Tagen getobt hatte. Sie lassen uns ahnen, was die Bewohner von Al Haffah in den letzten Wochen mitgemacht haben. Einige Häuser brennen noch, das kleine Städtchen wie ausgestorben.

Bewaffnete der syrischen Staatssicherheit begleiten unseren Konvoi, zum Schutz, wie sie sagen, aber wohl auch zur Bewachung. Kaum einem Menschen begegnen wir. Dennoch sichern Soldaten, als könne jederzeit der Krieg neu ausbrechen. Sie trauen dem Frieden nicht.

Das örtliche Parteigebäude niedergebrannt. Das dürften die Rebellenkämpfer gemacht haben, die die Stadt eine Woche lang besetzt hatten. Vor unserer Ankunft wurde dieser verbrannte Schreibtisch noch schnell mit einem Assad-Bild dekoriert.«

Die Eingangstüren der Privathäuser sind nur angelehnt. In den Wohn- und Schlafzimmern großes Durcheinander. Sofas und Stühle umgekippt, Schränke sperrangelweit auf, der Inhalt auf dem Boden verstreut. Alles sieht nach überstürztem Aufbruch aus, nach Flucht und Plünderung. In einer Küche jammert ein Wellensittich in seinem Käfig, offensichtlich hat er seit Tagen kein Wasser mehr bekommen.

»Die Bewohner dieser Häuser sind erst vor wenigen Tagen geflohen, Hals über Kopf. Wohl, um sich als Sunniten vor Assads Rache zu retten.

Bewohner des Städtchens haben wir nicht getroffen. Wir wissen nicht, ob sie alle geflohen sind und vor allen Dingen: wohin. Die Türkei ist nicht weit. Die Aufständischen hatten befürchtet, dass es nach ihrem Abzug zu einem Massaker kommen könnte. Solche Spuren haben wir nicht gefunden.

Die meisten Geschäfte niedergebrannt und geplündert. Ganze Straßenzüge zerstört. Wer für die Plünderungen verantwortlich ist, die Armee oder die geflohenen Rebellen, können wir nicht feststellen.

Einer der zurückgebliebenen Stadtbewohner behauptet, die Terroristen seien es gewesen. Die hätten alles zerstört. Immerhin hätten sie sein Geschäft nicht niedergebrannt, wie sie es bei anderen getan haben. Das ist die Sprache des Assad-Staats, und wir wissen nicht, ob er es ernst meint. Vielleicht die Wahrheit, vielleicht Schutzbehauptung, aus Angst vor der Armee im Dorf. Doch einen Großteil der Zerstörungen haben wohl Assads Soldaten zu verantworten. Spuren von schweren Waffen überall. Mit Hub-

Shabiha-Miliz

Shabiha ist arabisch und bedeutet Geister. In den neunziger Jahren als Mafiabande entstanden, machte sie Geld durch Erpressungen, Drogenschmuggel und -handel, Auftragsmorde und Korruption. Entstanden in der Gegend von Latakia, als alawitische Bande von den Sicherheitskräften angeblich geduldet. Sie schweben wie Geister über dem Gesetz. Die meisten sind Alawiten, darunter viele aus den Gefängnissen entlassene Kriminelle.

Mit Ausbruch der Aufstände werden diese Verbrechermilizen für das Grobe eingesetzt: für Massenmorde, für Folter, für Vergewaltigung, Plünderungen und Vertreibungen. Sie werden häufig im Zusammen-

schraubern und Panzern hatte sie Al Haffah bombardiert. Inzwischen fast schon Alltag in Assads Syrien.«

Das war im Juni 2012. Schon ein halbes Jahr später wäre eine solche Fahrt quer durch das Land, von Damaskus bis in die Nähe der türkischen Grenze, lebensgefährlich gewesen.

Bei dem letzten Besuch in Damaskus Ende Juli 2012 bis Anfang August konnten wir dank der UN-Beobachter in unmittelbarer Nähe der Hauptstadt Orte besuchen, in denen zwei Tage vorher die Armee ein Blutbad angerichtet haben soll. Das zumindest hatte die in London ansässige Syrische Beobachtungsstelle für Menschenrechte behauptet, die der Exil-Opposition nahesteht. Zweifellos eine umstrittene Organisation. In diesem Fall trafen aber leider ihre Informationen zu. Es war nicht ein einzelner Ort, wo das Morden stattgefunden hatte, es waren mehrere, Garagen, Wohnhäuser, Gärten. Von diesen Orten des Grauens berichteten wir damals ebenfalls für die Tagesschau. Die Schrecken dieses Bürgerkrieges konnten wir in unserem Bericht die Zuschauer nur ahnen lassen:

hang mit Massakern an Zivilisten genannt, beispielsweise das von Hula. Bei einem großen Teil der Bevölkerung und bei der Freien Syrischen Armee sind sie gefürchtet und verhasst. Wohl auch deshalb gehen FSA-Kämpfer besonders unbarmherzig mit gefangenen Shabihas um.

Chefs der Shabiha sollen die beiden Baschar-Cousins, Fawaz al-Assad und Munzer al-Assad sein. Die Mannschaftsstärke ist nicht bekannt. Schätzungen schwanken zwischen ein paar tausend und zehntausend.

»Am vergangenen Mittwoch: Aufständische schlagen Alarm. As-
sads Armee habe junge Syrer ermordet. Unbewaffnete. Diese Bil-
der sollen die Ermordeten zeigen. Heute fuhren UN-Beobachter
zum ersten Mal in dieses Gebiet nahe Damaskus.

Eine halbe Stunde Autofahrt, die Häuser von Damaskus liegen
hinter uns, hier beginnt Rebellenland. Hier verlässt der syrische

Menschenrechtssituation

Organisationen wie Human Rights Watch, Amnesty International
oder die Menschenrechtskommission der UNO werfen beiden Seiten
des Konflikts Menschenrechtsverletzungen vor.

*Den **Aufständischen** wirft HRW zum Beispiel vor: Entführungen, Ein-*
kerkerungen und Folter von Mitgliedern der syrischen Sicherheits-
kräfte, Unterstützer der Regierung und Mitglieder der Milizen, die für
die Regierung kämpfen. HRW hat auch Berichte von Hinrichtungen
dieses Personenkreises erhalten. Rebellenbrigaden haben solche Hin-
richtungen und Gefangenenfolter sogar auf Videos dokumentiert, die
sie auf YouTube einstellen. In ihrem letzten Bericht (2012) schreibt
HRW unter anderem: »Die Oppositionsführer sollten es ihren Anhän-
gern klar machen, dass sie Folter, Entführungen oder Hinrichtungen
unter keinen Umständen durchführen dürfen.« Besonders Djihadis-
tengruppen gehen immer wieder rücksichtslos gegen gefangene Solda-
ten vor, verschonen aber auch nicht Zivilisten. Massenhinrichtungen
gefangener Armeesoldaten durch Djihadistengruppen gehören inzwi-
schen zum Kriegsalltag. Es gibt aber auch Belege, dass die FSA sich an
gefangengenommenen Gegnern auf solche Art rächt. Die UNO wirft
den Rebellen außerdem vor, Kinder als Soldaten oder Boten einzuset-
zen und Zivilisten als menschliche Schutzschilde zu benutzen.

Über das Regime Assad schreibt HRW: »Die Geheimdienste betreiben
ein Netz von Folterzentren, die über das ganze Land verteilt sind. Wir
veröffentlichen deren Lage, beschreiben die dort eingesetzten Folter-
methoden und nennen ihre Leiter beim Namen, um ihnen klar zu ma-
chen, dass sie sich für diese schrecklichen Verbrechen verantworten

Geheimdienst den UN-Konvoi. Zu gefährlich für ihn. Kurze Zeit später lotst ein vermummter Aufständischer die Blauhelme durch das Dorf.

Deutliche Panzerspuren im Asphalt. Die syrische Armee war also hier.

»Kamera bitte runter!«

müssen.« Nachzulesen in dem Bericht »Torture Archipelago: Arbitrary Arrests, Torture and Enforced Disappearances in Syria's Underground Prisons since March 2011.«

Elektroschocks, Verätzungen mit Säure, das Abziehen von Fingernägeln und Scheinhinrichtungen gehören zu den gängigen Foltermethoden. Insgesamt dokumentierte Human Rights Watch über 20 verschiedene Foltermethoden, die von Sicherheits- und Geheimdienstkräften angewendet wurden. Einer der rund 200 Befragten beschreibt in dem Bericht die Folter, die er erleiden musste, so:
»Sie zwangen mich, mich auszuziehen. Dann begannen sie, meine Finger mit Zangen zu quetschen. Dann schossen sie mir Heftklammern in Finger, Oberkörper und Ohren. Ich durfte sie erst herausnehmen, wenn ich bereit war, zu reden. Die Klammern in den Ohren taten am schlimmsten weh. Über zwei Kabel, die mit einer Autobatterie verbunden waren, gaben sie mir Elektroschocks. Zweimal benutzten sie Elektroschockpistolen an meinen Genitalien. Ich dachte, ich würde meine Familie nie wieder sehen. Auf diese Weise folterten sie mich über drei Tage insgesamt dreimal.«

Ebenso gehören willkürliche Verhaftungen ohne Rechtsbeistand, Verschwinden lassen und Einschüchterung von Angehörigen zum Alltag auf der Assadseite in Syrien.

Amnesty International kommt zu ähnlichen Ergebnissen.

▶

Die UN-Sprecherin bittet um Diskretion und Distanz. Zu oft habe sie erlebt, dass Zeugen später verschwunden sind oder ermordet wurden. Doch dann wollen die Syrer selbst zeigen, was hier passiert ist.

Massengräber. Frisch aufgeschüttet. Erst ein paar Tage alt. Wie viele Tote es bei dem Morden gegeben hat, ist unklar. Es müssen aber mehrere Dutzend sein. Hier sollen acht Angehörige einer Familie beerdigt sein. Vermummte Syrer erzählen:

»Die Shabiha-Miliz ist hier eingedrungen und hat alle ermordet. Wir dachten, die Armee beschützt uns, doch dann kam die Shabiha-Miliz, die Assad treu ergeben ist.«

Nachprüfen können wir solche Aussagen kaum. Doch vieles spricht für diese Darstellung. In einem anderen Haus entdecken wir Blutspuren und Einschusslöcher. 17 junge Syrer sollen hier kaltblütig hingerichtet worden sein, erzählen uns Bewohner der Ortschaft. Ohne Kamera. Sie fürchten Rache.

Flüchtlinge

(Stand September 2013)

Mehr als 2 Millionen Syrer *haben bisher das Land verlassen, davon waren rund 52 Prozent erst 17 Jahre alt oder jünger. Ägypten nahm bislang 110 000 Flüchtlinge auf, 168 000 der Irak, 515 000 Jordanien, 716 000 der Libanon und 460 000 die Türkei. Deutschland will 5 000 syrische Flüchtlinge aufnehmen.*

Bereits über 100 000 Menschen *wurden nach UN-Schätzung in Syrien getötet. 6 500 davon waren Jugendliche und Kinder. Den anhaltenden Kämpfen und Anschlägen fallen monatlich 5 000 bis 6 000 Menschen zum Opfer.*

In Schweden bekommt seit dem 4. September 2013 jeder syrische Flüchtling eine zeitlich unbefristete Aufenthaltserlaubnis. Bis Mitte 2013 lebten bereits 14 700 syrische Flüchtlinge in Schweden.

Der Ort Dschdeit Artus – nahezu menschenleer. Von den einst 20 000 Einwohnern sollen nur noch 1 500 hier leben. Die übrigen geflohen. Dschdeit Artus – eine Kleinstadt der Assadgegner.

Die UNO-Beobachter bestätigen nicht, dass es hier ein Massaker gegeben hat. Doch einzelne Offiziere scheinen keinen Zweifel daran zu haben. Sie machen solche Andeutungen. Immer wieder nennen die Einwohner, die wir anonym befragen, die Shabiha-Miliz als Täter. Das sind Assads Todesschwadrone.

Dann Anruf vom Informationsministerium. In einem Vorort von Damaskus sei ein Massaker entdeckt worden. Begangen von den Aufständischen, die diesen Stadtteil besetzt hatten. Die Leichen in einer Müllkippe halb verschüttet. Die ganze Wahrheit kennen wir auch hier nicht. Nur so viel: Dieser Krieg nimmt keine Rücksicht auf Zivilisten, auf keiner Seite.«

Außerdem gibt es noch **fast 5 Millionen Binnenflüchtlinge**, also Flüchtlinge, die in Syrien verbleiben. Diese werden kaum versorgt, weil die Hilfsorganisationen sie nicht erreichen können.

Die UNHCR benötigt Mitte 2013 1,1 Milliarden Dollar Hilfsgelder, hat aber nur 548 Millionen erhalten. Etwa 40 Prozent davon kommen aus den USA, Deutschland hat 200 Millionen Euro zugesagt.

Quelle: UNHCR (Flüchtlingsorganisation der UNO)

Auch hier konnten wir nicht die ganze Wahrheit herausfinden, vielleicht noch nicht einmal fünfzig Prozent. Spuren, die auf ein Massaker hindeuten, haben wir gesehen und gefilmt. Dass sich Rebellen aber tatsächlich unbewaffnet in die Nähe von Armee-stellungen wagen, ist eher unwahrscheinlich. Im Gegenteil. Einen Rachefeldzug habe die Armee in Dschdeit Artus unternommen, vermutet die UNO, einen Rachefeldzug in die von bewaffneten Rebellen besetzten Dörfer, und sich dann nach ein paar Tagen wieder zurückgezogen, so wie sie es in vielen Regionen macht. Dabei sind vermutlich Zivilisten wie auch bewaffnete Rebellen ums Leben gekommen. Möglicherweise waren Mitglieder der Shabiha-Miliz an den Morden beteiligt.

Annan-Plan und die UN-Mission UNSMIS

Der Sechs-Punkte-Plan von Kofi Annan

Der Sondergesandte der UNO und der Arabischen Liga, Kofi Annan, hatte mit den beteiligten Parteien einen Sechs-Punkte-Plan ausgehandelt, um das Blutvergießen zu beenden. Auch die Führung in Damaskus hatte ihm am 25. März 2012 zugestimmt:

1 – Die Regierung in Damaskus verpflichtet sich, in Zusammenarbeit mit dem Sondergesandten Annan einen Politischen Dialog mit der Opposition aufzunehmen. Dabei sollen die Forderungen der Demonstranten zur Sprache kommen. Die Opposition dringt auf Freiheit und politische Mitsprache. Die Regierung soll für den Dialog einen bevollmächtigten Gesprächspartner benennen.

2 – Die Regierung muss eine Überwachung des Waffenstillstands durch die Vereinten Nationen zulassen. Zum Schutz der Zivilbevölkerung und zur Stabilisierung des Landes sollen alle Beteiligten die bewaffnete Gewalt in jeglicher Form beenden. Die Armee muss aus den Wohnvierteln abgezogen werden.

Doch Genaueres konnten die UN-Offiziere auch hier nicht ermitteln. Immer wieder klagen sie, sie seien viel zu schlecht ausgerüstet, um solche Massaker überzeugend zu untersuchen. Tatsächlich beobachten wir, dass die Blauhelmsoldaten mit Schreibblock, Plastikkugelschreibern und Pocketkamera festhalten müssen, was sie für Beweise halten. Über sensible Messgeräte verfügen sie nicht. Bei den meisten Gesprächen, die sie auf der Straße mit Augenzeugen führten, standen syrische Offizielle daneben, die aufmerksam mithorchten. Außerdem müssen die UN-Kommandanten jede ihrer Missionen beim syrischen Geheimdienst anmelden und den eigenen Konvoi von bewaffneten Geheimdienstlern begleiten lassen. Vor den wei-

3 – In den betroffenen Kampfgebieten muss ein sogenannter humanitärer Zugang gewährleistet werden – sprich Ärzte und Helfer dürfen nicht mehr abgewiesen oder bestraft werden.

4 – Willkürlich Gefangengenommene müssen schneller und in einem größeren Umfang freigelassen werden. Das gilt besonders für Syrer, die nach friedlichen Demonstrationen gegen die Regierung festgenommen wurden. Die Behörden müssen unverzüglich mitteilen, wo politische Gefangene festgehalten werden und damit beginnen, einen Zugang zu diesen Orten herzustellen.

5 – Journalisten müssen sich frei im Land bewegen dürfen. Die Behörden dürfen Visa nicht mehr nur an ausgewählte Reporter ausstellen.

6 – Die Behörden müssen die Versammlungsfreiheit respektieren sowie das Recht zu friedlichen Demonstrationen.

UNSMIS

▶

ßen Geländewagen mit der Aufschrift UN fahren immer einige schwarze Autos der Sicherheitskräfte. Jeder in Syrien kennt diese PKWs.

Kein Wunder also, dass die UNO auch bei einem anderen Massaker lange nicht feststellen konnte, wer für das Abschlachten von bald hundert Menschen verantwortlich gemacht werden sollte: bei dem Massaker von Hula.

Al-Hula, ein Dorf in der Nähe von Homs. Dort sollen die syrische Armee und die berüchtigten Shabiha-Milizen über 100 Dorfbewohner massakriert haben, darunter 34 Kinder und 7 Frauen, nachdem die Freie Syrische Armee Stellungen der assadtreuen Truppen angegriffen hatte. Die Regierung stritt jede Verantwortung sofort ab und beschuldigte die Gegenseite, die Rebellen oder Terroristen, wie sie die Aufständischen nennt. Zu einem ähnlichen Ergebnis kam auch die Frankfurter Allgemeine Zeitung, deren Korrespondent von Damaskus aus recherchiert hatte. Die in Syrien stationierten UN-Beobachter kamen zunächst zu keinem eindeutigen Resultat. Erst als eine besser ausgerüstete Spezialkommission den Ort des Massakers erneut untersuchte, konnte sie in ihrem im August 2012 veröffentlichten Bericht feststellen:

Beginn am 30. April 2012: *Die 300 UN-Beobachter (United Nation Supervision Mission in Syria) sind durchweg unbewaffnete Soldaten. Sie sollen sich weitgehend frei bewegen können. Mit dieser Forderung hat sich letztlich der Westen gegen Russland und seinen Verbündeten Syrien durchsetzen können. Die UN-Beobachter sollen die vereinbarte Waffenruhe überwachen und auf der Durchsetzung des Friedensplans von Sondervermittler Kofi Annan bestehen.*

Mehrfach werden Patrouillen beschossen. Die UNSMIS hat dafür meistens die Assadarmee verantwortlich gemacht. Ab dem 16. Juni 2012

»Es gibt wichtige Gründe anzunehmen, dass die Täter dieser Morde auf dem Grund und Boden der beiden Familien Abdulrazzak und Al-Sayed Angehörige der regulären Streitkräfte und der Shabiha-Milizen waren.«

Die meisten Reporter, die in dieser Region schon früher recherchiert hatten, hatten ebenfalls die Shabiha-Miliz und das Militär als Täter identifiziert. Derselbe UNO-Bericht wirft allerdings auch den Rebellen zum ersten Mal sehr deutlich vor, ebenfalls gegen Menschenrechte zu verstoßen, Kinder als Hilfssoldaten einzusetzen, Gefangene zu foltern oder gar zu erschießen.

Ich habe auch immer wieder erlebt, dass angemeldete Missionen im letzten Augenblick wieder abgesagt wurden, weil der syrische Geheimdienst sich weigerte, die UN-Beobachter zu begleiten. Eine andere Szene führte uns drastisch vor, welche Macht der Geheimdienst über die Blauhelme hatte: Wir begleiteten einen UN-Konvoi in einen von Rebellen besetzten Stadtteil von Damaskus. Er fuhr mit hoher Geschwindigkeit durch dieses Wohngebiet, vorbei an Menschen, die am Straßenrand auf die Blauhelme warteten, ohne anzuhalten, ohne mit Bewohnern zu reden, ohne sich über die Lage dieser Menschen zu

wurde die Mission aufgrund eskalierender Gewalt gegenüber den Beobachtern unterbrochen. Es fanden ab diesem Tag kaum noch Patrouillen statt.

Ende der Mission: *Am 16. August 2012 hat der Sicherheitsrat der Vereinten Nationen das Ende der Beobachtermission UNSMIS angeordnet, da die Bedingungen für eine Fortsetzung nicht gegeben seien. Am 19. August 2012 um Mitternacht endete das Mandat für die UN-Friedensmission. Die Beobachter ziehen ab.*

informieren. Die Geheimdienstbegleiter, die sich ganz offensichtlich alles andere als wohlfühlten, hatten das Tempo vorgegeben und rasten an der Spitze des Konvois durch das Rebellengebiet. Die unbewaffneten UNO-Leute hatten sich dem anzupassen und mussten ebenfalls Gas geben. Schon nach fünf Minuten hatten alle den sicheren Checkpoint der syrischen Armee wieder erreicht, erst dort hielt der Konvoi an.

Eine effektive Beobachtermission, die zur Befriedung der Lage beitragen will, sieht anders aus: Die Blauhelme fahren mit ihren weißen mit den Buchstaben UN gekennzeichneten Geländewagen langsam, um überhaupt beobachten zu können, halten an und sprechen mit der Bevölkerung, sammeln Informationen, inspizieren Krankenhäuser und informieren sich über die Versorgungslage der Menschen. Solche Recherchen waren bei dieser Mission nicht möglich gewesen, weil der syrische Geheimdienst die UN-Beobachter nicht aus den Augen und seinem Griff ließ und die UN-Soldaten es nur selten geschafft haben, sich von den Syrern zu lösen. Der Muhabarat, also der syrische Geheimdienst, hatte die Geschwindigkeit diktiert und so festgelegt, was die Blauhelme zu sehen bekamen und was nicht.

Blauhelmsoldaten können nur so gut sein, wie es ihnen ihr Mandat erlaubt, das der UN-Sicherheitsrat ihnen mit auf den Weg gibt. Der Auftrag der UNSMIS-Offiziere war alles andere als robust, allein schon deswegen konnten sie nicht mehr erreichen und haben immer wieder den Zorn der Bevölkerung auf sich gezogen.

Zorn aus Enttäuschung und Ernüchterung; denn die Syrer hatten anfangs von dieser groß angekündigten internationalen Mission Unterstützung und Schutz erwartet. Es kam aber nichts davon. Im Falle des Massakers von Hula im Mai 2012 hatten die in der Nähe des Dorfs stationierten UN-Blauhelme sogar abgewartet, bis die Angriffe vorbei waren, anstatt sofort einzugreifen. Wie hätten sie dies aber auch tun sollen? Sie selber waren unbewaffnet, die Gegenseite aber hochgerüstet. Den meisten UN-Offizieren in Syrien waren diese Schwächen ihrer Mission bewusst.

Ein norwegischer Offizier gestand mir in einem vertraulichen Gespräch, er und viele seiner Kollegen würden sich von dem syrischen Regime missbraucht fühlen: Diese demonstrierte Kooperationsbereitschaft mit den Vereinten Nationen, während sie tatsächlich der Weltorganisation ihren Willen aufzwängen. An der Gewalt habe sich nichts geändert, einem Waffenstillstand sei man keinen Schritt nähergekommen. Das war das Fazit eines UN-Offiziers vier Monate nach Beginn der Mission in Syrien:

»But don't quote me! And don't mention my name.«

Die UNSMIS – ein wohl eher hilfloser wie auch missglückter Versuch der internationalen Gemeinschaft, die syrische Tragödie zu einem Besseren zu wenden. Aber: Nicht Kofi Annan, der ehemalige Syrienbeauftragte der UNO, ist gescheitert, sondern der Westen, Russland und all die anderen Akteure, die bei dem syrischen Desaster mitmischen: also Waffenlieferanten wie Katar oder Saudi Arabien an die Djihadisten unter den Aufständischen oder Russland und der Iran als Unterstützer des Assad-Regimes. Oder durch Nichtstun wie die USA und die europäischen Staaten. Diese »Freunde Syriens« also europäische Länder wie Deutschland, Frankreich oder Großbritannien, außerdem die meisten Länder der Arabischen Liga und die USA natürlich, diese Länder halten seit zwei Jahren regelmäßig teure, aber ergebnislose Konferenzen ab und kneifen bei unbequemen Entscheidungen. Kofi Annan zum Beispiel hatte versucht, den Iran als wichtigen Unterstützer von Assad mit zur Genfer Syrien-Konferenz am 30. Juni 2012 einzuladen. Nur wenn alle Beteiligten mit am Verhandlungstisch sitzen, kann die Konferenz vielleicht erfolgreich sein, so sein Credo. Verhindert hat diese klare und jedem einleuchtende Strategie der amerikanische Präsident Obama, der wohl in seinem Wahljahr 2012 das Mullah-Regime nicht aufwerten wollte. Die Konferenz scheiterte schließlich nicht allein an der Abwesenheit des Iran.

ALEPPO, Rebellenland, OSTERWOCHE 2013

Am nächsten Morgen fahren wir mit unserem Kleinbus von Azaz nach Aleppo. Es ist regnerisch, trübe und kalt. Bauern arbeiten auf den Feldern, Kirschbäume treiben die ersten Blüten, zwischendurch Haine mit Olivenbäumen. Alles wirkt friedlich, der Krieg scheint weit weg zu sein. Man könnte sich von der stillen Stimmung dieses fruchtbaren Bauernlandes anstecken lassen und die barbarischen Kämpfe nicht weit von hier für einige Zeit verdrängen, wenn da nicht kleine Zelte am Rande der Felder wären. Diese Zelte – ein Beweis, wie wehrlos die Zivilisten im Norden Syriens diesem Bürgerkrieg ausgeliefert sind. In ihnen übernachten nämlich viele Bauernfamilien, weil ihre Dörfer, sobald die Dunkelheit einsetzt, immer wieder bombardiert werden.

Außerdem die ständigen Straßenkontrollen auf dem Weg nach Aleppo. Kämpfer, meist schwarz gekleidet, mit Vollbart, die Kalaschnikow lässig über die Schulter gehängt, halten unseren Bus an. Über den meisten Straßensperren wehen schwarze Fahnen mit der Aufschrift:»Es gibt keinen Gott außer Gott«. Dieses islamische Glaubensbekenntnis steht auch auf den Stirnbändern, die einige Kämpfer tragen. Sie sind die ersten Djihadisten, denen wir auf unserer Reise begegnen. Oder sind es doch nur normale Kämpfer, die ein bisschen wie Djihadisten aussehen wollen? Wir wissen es nicht. Dank Anwar, der einige zu kennen scheint, dauert der Halt zur Befragung nie lange und bleibt immer höflich.

In dem Städtchen Keljebrin machen wir einen Zwischenstopp, um dort das Mohamed-Ismael-Gymnasium zu besuchen. Im Juli 2012 war eine Rakete in das Gebäude eingeschlagen, nachdem die Freie Syrische Armee es beschlagnahmt und ein Hauptquartier daraus gemacht hatte. Zum Glück für die Schüler war die Rakete, die sich durch zwei Stockwerke gebohrt hatte, nicht explodiert. Heute unterrichten Lehrer wieder, morgens die Schülerinnen, nachmittags Jungs. Rupert Neudecks Grünhelme hatten im November 2012 die Schäden repariert. Dieses Gymnasium – eine der wenigen Schulen, die den Betrieb in dem von den Rebellen kontrollierten Teil Syriens wieder aufgenommen haben. Selten habe ich Schülerinnen erlebt, die so begeistert und dankbar waren, wieder in ihre Schule gehen zu können, obwohl sie bei der Eiseskälte im März ein höchst ungemütlicher Ort war. Eine funktionierende Heizung gibt es nicht. Mit dicken Pullovern versuchen sich Schülerinnen wie Lehrer vor der Frühjahrskälte in dem klammen Gebäude zu schützen.

Doch trotz der Fröhlichkeit auch hier – Angst das große Thema, Angst vor dem Krieg, Angst vor der Zukunft. Eine Schülerin berichtet:

»Wir leben immer in Angst. Wenn wir nach Hause kommen, gibt es weder Wasser noch Strom. Immer wenn ein Flugzeug über uns auftaucht, befürchten wir, dass es was abwirft. Auch hier in der Schule haben wir Angst. Mitten in der Nacht wachen wir auf vom Krachen der Explosionen.«

Eine andere Schülerin fühlt sich, als lebe sie zwischen zwei Mahlsteinen:

»Keine Seite wird eine Lösung bringen. Die Regierung tritt nicht zurück, sondern beschießt uns, und die Opposition gibt auch nicht nach, sie schießt zurück. Und wir sitzen dazwischen und kriegen es ab«.

Ob die Revolution tatsächlich eine bessere Zukunft bringen wird? Die Mädchen haben inzwischen Zweifel:

»Die Exil-Opposition veranstaltet teure Konferenzen und wählt Vertreter, die wir nicht kennen und ohne uns zu fragen. Aber wir sind es doch, die die Opfer bringen. Angeblich, damit wir eines Tages in Freiheit und Demokratie leben, wir wollen unsere Führer selber wählen. Wenn die Revolution so weitergeht, dann sehe ich schwarz für unsere Zukunft.«

Auch die Lehrer sind resigniert:

»Assad hat die Waffen, uns hilft keiner«, hören wir immer wieder.

Sicher quält sie auch die Sorge, er könne wieder zurückkommen mit seiner Armee und seinen Geheimdiensten; dann ginge es ganz besonders ihnen an den Kragen; denn immerhin sind sie Staatsangestellte, außerdem als Lehrer Mitglieder der Baathpartei und damit auf Assad und sein Regime eingeschworen.

Als wir wieder in Richtung Aleppo aufbrechen, versammeln sich die Schülerinnen im Hof vor dem Gebäude und winken uns fröhlich nach. Diese Schule ist für sie ganz offensichtlich ein Schutzhafen in den Wirren des Krieges.

Und die erleben wir hautnah in Aleppo, die Wirren dieses unübersichtlichen Kämpfens.

Aleppo – eine Stadt wie mitten in einem Erdbeben: Menschen in Panik, traumatisiert durch explodierende Raketen, die die Erde erzittern lassen. Zurück bleiben dann Ruinenstümpfe und zu Schutt zerbröselte Häuser. Auch in dieser Stadt gibt es so gut wie keine Straße ohne Kriegsschäden. Die Menschen bewegen sich wie in Trance, stürzen sich auf die Fremden, klammern sich an sie, schütteln und beschwören sie, als könnten sie Erlösung bringen aus der verzweifelten Lage:

»Wir lassen dich erst gehen, wenn du uns geholfen hast!«

Dieser Satz scheint fast allen Menschen im Gesicht zu stehen, einige sprechen ihn auch aus, mehr aggressiv als flehend:

»Was macht der Westen für uns? Warum lässt er uns im Stich? Erklär es uns!« Und noch viel schlimmer der Vorwurf, den einige in ihrer Verzweiflung ausstoßen: »Der Westen unterstützt Assad!«

Zum Beispiel jene unglücklichen Menschen – Männer, Frauen, Kinder – die uns regelrecht einkesseln, kaum dass wir am Ortseingang von Aleppo anhalten und mit unserer Kamera aussteigen.

»Seit fünf Tagen haben wir kein Wasser mehr«, klagen sie in unsere Kamera. Alle stehen um Wasser an. Über eine breite Straße schiebt sich die Schlange langsam in Richtung einer Moschee. Sie hat den einzigen noch funktionierenden Wasserhahn in diesem Vorort von Aleppo, einen einzigen mit schwachem Strahl für tausende Menschen. Viele der Wartenden sind Kinder mit übergroßen Eimern und Töpfen, die sie, haben sie endlich die Wasserstelle erreicht, randvoll gefüllt kaum nach Hause schleppen können, so schwer sind ihre Gefäße. Von revolutionärer Stimmung ist hier nichts zu spüren.

»Die sollen mit dem Krieg aufhören«, hören wir immer wieder, aber auch: »Assad ist ein Verbrecher, der sein eigenes Volk ins Unglück stürzt!«

Lobeshymnen auf die kämpfenden Rebellen hören wir aber auch so gut wie nie. Niemand kann im Augenblick wirklich sagen, wie viele Syrer noch Assad unterstützen, wie viele die Rebellen, vor allem welche der verschiedenen Oppositionsbrigaden. Allein in Aleppo sollen es an die zweihundert sein. Deren Spektrum reicht von Säkularen bis hin zu beinharten Djihadisten. Angesichts der Zerstörungen spielt die Frage nach der Ideologie eine immer geringere Rolle bei den Menschen. Sie nehmen Hilfe von jedem, egal ob das Geld aus Katar kommt oder aus dem Westen. Allerdings lassen sich nur wenige Hilfsorganisationen aus Europa in dem Kampfgebiet blicken, aus gutem Grund. Nicht nur Reporter, die aus dem Norden Syriens berichten, leben gefährlich, das Risiko ist für jeden gleich, der sich längere Zeit dort aufhält.

In den Fassaden einiger Häuser der Plattenbausiedlung klaffen von Granaten aufgerissene Löcher, manche so groß, dass die halbe Zimmereinrichtung zu sehen ist. Der Kampf um Aleppo hatte im Sommer 2012 in den Außenbezirken der Stadt begon-

Aleppo

- *Mit 2 500 000 Einwohnern (vor Beginn des Krieges) ist Aleppo größte Stadt Syriens (Damaskus und Aleppo streiten sich um diesen Rang)*
- *Hauptexportgüter heute: Agrarprodukte der Umgebung wie Weizen, Oliven, Baumwolle, Pistazien*
- *Wichtiger Industriestandort: Chemie, Pharmazie, Textilien*
- *Außerdem hat der Tourismus im Wirtschaftsleben der Stadt eine wichtige Rolle gespielt.*
- *1986 erklärte die UNESCO Aleppos Altstadt mit ihren mehrere hundert Jahre alten Häusern und Hamams (Badehäuser) zum Weltkulturerbe. Seit 1993 wurde sie in Zusammenarbeit mit der GTZ und mit Unterstützung vom Aga-Khan-Trust for Culture und dem Arab Fund for Economic and Social Development renoviert.*
- *Aleppo hat den längsten und sicherlich schönsten Basar der arabischen Welt.*
- *Aleppo liegt am Knotenpunkt wichtiger Handelsstraßen, zum Beispiel der Seidenstraße, und wurde so selbst schon im Mittelalter zu einer wichtigen Handelsstadt.*
- *Am Ende des 19. Jahrhunderts vor Christus taucht Aleppo erstmals in den Quellen auf. Zu dieser Zeit war es die Hauptstadt des Staates Jamchad, der von hier an bis in die 2. Hälfte des 17. Jahrhunderts vor Christus Nordsyrien dominierte.*
- *Die Stadt wurde nach Christus unter ihrem alten Namen Teil des Byzantinischen Reiches.*
- *Die Stadt wurde 1098 und 1124/25 von Kreuzfahrern belagert, aber nicht erobert.*

nen, so wie die ganze Revolution im Frühjahr 2011 an den Rändern kleinerer Städte und Dörfer ausgebrochen war, dort wo die benachteiligten Menschen leben, die Verlierer, die vom Wirtschaftsaufschwung der letzten Jahre nichts abbekommen haben, denen die jahrelange Dürre besonders zugesetzt hatte. Deraa. Homs. Hama. Idlib. Schließlich Azaz oder Tel Rifa'at.

- *1517 wurde Aleppo Teil des Osmanischen Reiches.*
- *Während des Ersten Weltkrieges war Aleppo ein Zentrum des Völkermords an den Armeniern durch die Jungtürken.*
- *Nach dem Zweiten Weltkrieg: Aleppos Altstadt (Medina) befindet sich innerhalb einer fünf Kilometer langen Stadtmauer mit sieben Toren und hat eine Ausdehnung von etwa 350 Hektar. Um die Altstadt herum wurden neue Stadtteile gebaut für die Angestellten und Arbeiter der angesiedelten Industrieunternehmen. Die Altstadt drohte Opfer dieser Stadtentwicklung zu werden. Es waren Straßen quer durch die Stadt geplant, außerdem Teilabrisse. Es ist unter anderem der GTZ zu verdanken, dass sie gerettet und renoviert wurde.*
- *Seit Juli 2012 kommt es in und um Aleppo zu heftigen Kämpfen, bei denen auch Kampfflugzeuge und Hubschrauber eingesetzt werden. Im Großraum Aleppo sollen Assads Truppen in kleinem Umfang Chemiewaffen eingesetzt haben.*
- *In der Nacht vom 28. auf den 29. September 2012 wurde der historische Basar, weltgrößtes überdachtes altes Marktviertel und Teil des UNESCO-Welterbes, durch ein Großfeuer weitgehend zerstört.*
- *Inzwischen haben Rebellenbrigaden die Altstadt besetzt. Es wird nach wie vor in dem Labyrinth des Basars gekämpft, genauso wie in der historischen Altstadt.*

Zusammengestellt nach Wikipedia und anderen Quellen

Aleppo ist eine Stadt in Auflösung, eine Stadt ohne Regierung und ohne Verwaltung. Kein Strom, kein Gas, kein Benzin, und wenn es davon etwas gibt, dann ist es für die meisten Menschen unerschwinglich. Fladenbrot, das Grundnahrungsmittel aller, kostet das Fünffache, eine Flasche Kochgas ist sogar zehnmal teurer als vor dem Krieg. Menschen verschulden sich, wohl wissend, dass sie das Geld nicht zurückzahlen können. Irgendwie müssen sie aber ihre Kinder ernähren, sagen sie.

»Wir nehmen von jedem«, sagen sie. Nicht als Entschuldigung, eher als Anklage.

Diebstähle nehmen zu, gelegentlich auch Überfälle, selbst Entführungen gehören immer häufiger zur Tagesordnung. Wer Geld hat oder auch nur im Verdacht steht welches zu haben, lebt in der Gefahr, verschleppt zu werden. Die Entführer erpressen dann die Familie des Opfers. Das Lösegeld zu bezahlen ist aber keine Garantie, dass diese Familie ihren Angehörigen wieder zurückbekommt.

Aleppo – eine Stadt, die sich selbst zerlegt, in den Assadteil und den Rebellenteil. Aber auch den haben die verschiedenen Rebellenmilizen unter sich aufgeteilt, und jede verteidigt ihren Stadtteil verbissen nicht nur gegen die Angriffe der Assadtruppen. Immer wieder kommt es auch zu Schießereien zwischen ideologisch verfeindeten Rebellenbrigaden. Zwischen diesen selten klar erkennbaren Frontlinien versuchen Menschen zu überleben, die mit den Kriegsparteien am liebsten nichts zu tun hätten. Dieses Chaos haben die Islamisten als Chance erkannt und versuchen den Menschen so etwas wie das Gefühl von Ordnung zu vermitteln, eine Ordnung nach den Vorschriften des Korans, eine Scharia-Ordnung. Fünf Scharia-Gerichte gab es bei unserem Besuch in der Stadt. Zu einem dieser Gerichte führte uns Anwar.

Abu Amar hieße er, sagt er, wahrscheinlich ist es aber sein Kampfname. Filmen lassen will er sich nicht:

»Ich habe Familie auf der anderen Seite.«

Bleiben wir bei Abu Amar, dem Mann mit dem schwarzen Kinnbart und einem Gewand aus feinem schwarzen Tuch, der pluderigen Hose und dem Überkleid, das traditionsbewusste Religiöse gerne tragen. Er ist der Chef dieses Scharia-Gerichts, ein freundlicher Mann, der sich Zeit nimmt, den westlichen Journalisten lächelnd das Regelwerk der syrischen Neuzeit zu erklären, ein bekennender Salafist, wie er selbst zugibt. Spricht er also in Aleppo Recht wie zur Zeit des Propheten Mohamed mit dem gesamten Repertoire harter Körperstrafen? Schließlich wollen die Salafisten zur Ordnung jener Zeit zurückkehren.

»Nein«, beruhigt er uns nachsichtig »in Kriegszeiten könne man nicht die ganze volle Härte des Gesetztes anwenden. Man muss Verständnis für die Menschen aufbringen und Nachsicht üben.«

Außerdem versucht das Gericht, Ordnung in das zivile Leben zu bringen. Es registriert Geburten und Sterben, es stellt Eigentumsurkunden aus und entscheidet in Streitfällen um Boden. Es ist mehr Schiedsstelle und Schlichtungsinstanz als Gericht, sucht Kompromisse, um Alltagskonflikte nicht eskalieren zu lassen. Die Bürger sollen Vertrauen entwickeln in die neue Verwaltung.

»Zum ersten Mal müssen Syrer den Richter nicht bestechen, um Recht zu bekommen«, berichtet Abu Amar stolz, »zum ersten Mal hören Richter überhaupt zu.« Syrer, die wir in den Gängen des Gerichtsgebäudes befragen, bestätigen dies:

»Früher mussten wir die Richter bestechen, heute bekommen wir Entscheidungen, ohne dass wir dafür bezahlen müssen.«

»Wir nennen uns auch nicht Gericht, sondern Legal Comittee, weil wir noch kein richtiges Gerichtsgebäude haben. Dieses Gebäude war nur ein Kulturzentrum«, erklärt Abu Amar etwas abfällig, als könne Recht nicht genauso gut in einem ehemaligen Kulturzentrum gesprochen werden.

Auch verfügt das Gebäude über alles, was ein Gericht braucht, Gerichtssäle, Richter, Wächter, Archiv, sogar über ein eigenes Gefängnis.

»Und was ist mit der Sharia nach einem Sturz von Assad?« Natürlich interessiert uns diese Frage.

»Dann kann es gut sein, dass wir die Sharia in ganz Syrien für alle Menschen einführen, so wie es unsere Tradition vorschreibt«, antwortet er etwas ausweichend.

»Mit allen Konsequenzen dieser Vorschrift?«

»Ja wahrscheinlich. Das schreibt unsere Religion so vor. Aber wir werden sehen.«

Dann entschuldigt er sich bei uns, er müsse beten gehen. Es sei Zeit. Tatsächlich ruft im gleichen Augenblick der Muezzin, und alle Angestellten des Gerichts eilen in den improvisierten Gebetsraum im zweiten Stock des ehemaligen Kulturzentrums, darunter viele streng blickende Salafisten, deren Galabayas über den Fußknöcheln enden, so wie Prophet Mohamed angeblich die seine getragen haben soll. Das Scharia-Gericht scheint fest in ihrer Hand zu sein. Etliche arbeiten für die Hilfsorganisation »A Shabab«, also »Jugend«, die versucht, Familien in Not zu unterstützen. Ihre Gelder, so geben sie offen zu, kommen aus Kuwait. Die konservativen Golfstaaten dominieren die Hilfsprogramme in Aleppo und haben sich dadurch einen gewichtigen Einfluss auf die Menschen und die Politik der Stadt gesichert. Das bestätigen uns auch immer wieder normale Aleppiner.

Nach dem Gebet bekommen wir die Erlaubnis, an einem Gerichtsverfahren teilzunehmen, in einem kleinen Raum im Keller.

Abu Ibrahim gegen Abu Abdul. Der Fall scheint kaum der Rede wert zu sein, ist aber typisch für eine Stadt im Krieg. Abdul hat einen Ladenraum von Abu Ibrahim gemietet und kann die Miete nicht mehr zahlen. Der Richter Ibrahim Idilbi lässt sich von beiden Seiten vortragen.

»Die Geschäfte gehen schlecht. Keiner hat mehr Geld, um einzukaufen, also nehme ich auch nichts ein. Ich kann daher keine Lebensmittel für meine Familie kaufen«, erklärt Abdul dem Richter verzweifelt. »Und ich brauche das Geld aus dem gleichen Grund«, antwortet Abu Ibrahim.

Man sieht ihm an, dass ihm sein Prozessgegner leid tut. Aber er könne nicht anders, schließlich müsse auch er seine Familie ernähren.

Der Richter, ein gedrungener rundlicher Mann mit langem Bart und ausrasierten Wangen, zögert nicht lange. Seine Entscheidung, mehr Schiedsspruch als Urteil: ein Monat Zahlungsaufschub. Dann müsse der Mieter allerdings zahlen. Wie? Das bleibt offen. Der Krieg wird dann sicherlich noch nicht vorbei sein.

»Wir müssen nachsichtig sein mit den Menschen«, erklärt uns der Richter, »Assads Krieg ist an allem schuld«. Auch daran, dass immer mehr gestohlen und eingebrochen wird, meint er.

Nach einigem Zögern ist Richter Idilbi bereit, uns das Gefängnis des Gerichts zu zeigen, ein dunkler Kellerraum, in dem sechs Gefangene zusammen mit einem Geistlichen auf einem auf dem Boden ausgebreiteten Teppich sitzen. Diese Kellerzelle ist offensichtlich mehr ein religiös aufrüttelndes Besserungszentrum als ein mit der Sharia drohendes Strafgefängnis. Von Zucht und Vergeltung kaum etwas zu spüren. Der Imam predigt mit sanfter Stimme und redet seinen Sündern ins Gewissen, sie mögen doch bitte ein gottgefälliges Leben führen. Die Sträflinge nicken einsichtsvoll und demonstrieren dem Kamerateam aus Europa ihre neue Frömmigkeit.

»Wenn ich wieder draußen bin«, erklärt ein junger Syrer, der wegen Einbruch für zwei Monate hier einsitzen muss, »dann bete und faste ich nur noch.« Er meint es ernst. Die Augen hat er schuldbewusst zu Boden gesenkt. Die Reue in Person. Als er fertig ist, schielt er zu seinem Imam. Der nickt ihm zufrieden zu:

»Alles richtig gemacht!«

Rückfahrt nach Azaz am späten Nachmittag. Amar, unser Fahrer, stoppt nach einer Brücke über den Kuwaikfluss, der mitten durch Aleppo fließt und führt uns zu einer Gruppe von Männern. Sie stehen an der Böschung und starren auf das trübe Wasser.

»Das ist der Fluss der Toten«, erklärt Amar, »und das sind Menschen, die auf die Toten warten.« Im Fluss unter der Brücke haben diese Männer Metallreusen in die Strömung gestellt.

»Damit fangen sie die Toten auf«, erklärt Amar flüsternd.

Die Toten – fast jeden Tag treiben hier Leichen an. Leichen mit Folterspuren, verdrehten Gliedmaßen, zerschlagenen Gesichtern, aufgedunsen, zu Tode gefoltert oder erschossen. Weiter oben flussaufwärts ist Assad-Land. Dort entsorgen Assads Geheimdienstler ihre Opfer im Fluss. Sie treiben flussabwärts und bleiben in den Reusen unter der Brücke hängen. Die Männer am Fluss? Sie suchen nach Angehörigen und werden auch fündig.

»Einmal sind hier innerhalb von zwanzig Tagen 200 Tote angespült worden. An einem einzigen Tag achtzig. Stell dir vor, achtzig«, der Mann erzählt uns das fast reglos, als könne er das Gesehene immer noch nicht glauben. Unter den Toten sei auch sein Cousin gewesen. Alle hätten Folterspuren gehabt, wahrscheinlich stammten die meisten aus dem Gefängnis auf der Assadseite. Und dann sagt er noch:

»Man kann sie doch nicht im Wasser lassen. Man muss sie doch beerdigen. Wir sind doch Muslime.«

DAMASKUS, Assad-Land, SOMMER 2012

Eine seltsam gespenstische Stimmung liegt über der Stadt. Immer wieder hören wir, wie Artillerie Granaten abfeuert, dann fast zeitgleich die Explosionen dieser Granaten. Irgendwo in einem Vorort der Hauptstadt, fern, aber gut hörbar. Manchmal sieht man schwarze Rauchpilze aufsteigen. Auch fern, aber gut erkennbar. An diese Geräuschkulissen scheinen sich die Syrer in der Innenstadt von Damaskus gewöhnt zu haben. Die Straßen sind belebt, scheinbar unberührt von diesem Krieg am Rande der Stadt. Geschäfte sind geöffnet, einige haben sogar Obst- und Gemüsestände auf den Bürgersteigen aufgebaut: Tomaten, Zucchini, Kartoffeln, Zwiebeln, selbst Äpfel, Orangen oder Kirschen. Alles aber zu horrenden Preisen, wie Hausfrauen uns gegenüber klagen:

»Ihr macht uns mit euren Sanktionen kaputt. Die da oben spüren nichts davon.«

Fragen wir nach den Explosionen, schauen uns die Frauen nur kurz und erschrocken an, noch ein kurzer Blick auf den Begleiter vom Informationsministerium, dann hasten sie weiter. Antworten bekommen wir nur selten, und wenn, dann solche linientreue:

»Das sind Terroristen, die bekämpft werden müssen. Die sind von den Amerikanern und den Zionisten geschickt.«

»Und was wollen die?«

»Syrien zerstören. Was sonst? Das werden sie aber nicht schaffen.«

Ganz Damaskus scheint hinter Baschar al-Assad zu stehen. Kein Wunder; denn das ausländische Kamerateam wird von Geheimdienstlern misstrauisch beobachtet, außerdem haben wir immer diesen Begleiter vom Informationsministerium dabei, den jeder Syrer sofort als das Ohr des Polizeistaates durchschaut. Unter diesen Bedingungen die wahre Stimmung abzufragen? Kaum möglich in den Straßen von Damaskus.

»Wir leben in Syrien hinter einer Mauer der Angst«, hat mir einmal ein im Kairoer Exil lebender Syrer erklärt: »Ein falsches Wort, und der Geheimdienst kam.«

Jeder habe vor jedem Angst; der andere könnte ja ein Spitzel des Geheimdienstes sein. Selbst ein falsches Wort beim Zigarettenkauf an einem der vielen Kioske oder eine abschätzige Bemerkung über eine der ausliegenden Staatszeitungen kann den Käufer in Gefahr bringen, hatte mich in Damaskus der Oppositionelle Samy bei meinem Besuch im Dezember 2011 gewarnt. Der Verkäufer sei verpflichtet, alles Verdächtige sofort an die syrische Stasi zu melden, andernfalls riskiere er nicht nur seine Lizenz. Jeder weiß, was ihm bei der Polizei droht: Verhöre, Folter, Dunkelhaft auf unbestimmte Zeit. Permanentes Misstrauen sei ein Grundgefühl, mit dem das Regime seine Herrschaft zu festigen versucht. Die Menschen gegeneinander ausspielen, um so eine Solidarisierung zu verhindern. Die syrische Gesellschaft ist voll von zerstörerischer Korruption, vergiftet von Geheimdienstlern, Spitzeln, Folterern, Menschenverächtern. Eine Gesellschaft, in der der Vater dem Sohn nicht traut. Risse gingen manchmal mitten durch Familien. Nachbarn beobachteten sich argwöhnisch: Gerät der andere aus dem Gleichschritt der Diktatur und macht sich dadurch verdächtig? Geht er zu den Massenaufmärschen oder drückt er sich?

Allerdings wäre es leichtfertig und falsch zu sagen, alle Massenaufmärsche in Damaskus seien erzwungen, der Baschar-Jubel befohlen. Sicherlich auch, aber der relativ junge Präsident war beliebt und hatte in Teilen der Bevölkerung immer noch Rückhalt. Bei den Angehörigen seiner Religionsgemeinschaft, den Alawiten, ohnehin. Aber auch bei dem neuen Mittelstand der Großstädte, der dank des Wirtschaftsaufschwungs der letzten Jahre zu Wohlstand gekommen ist. Baschar al-Assad hatte kurz nach seinem Amtsantritt die sozialistische Friedhofswirtschaft seines Vaters zu einer lebendigen Marktwirtschaft reformiert: die Grenzen für ausländische Importe geöffnet und die Importzölle drastisch gesenkt, ein Finanzsystem geschaffen, das Anschluss an das internationale fand, und so den Zugang zu internationalen Märkten ermöglicht. Edelboutiquen bieten in Damaskus auch heute noch feinste Designerware aus Italien an. Wer das Geld hat, kann sich mit Armani-Anzügen einkleiden und anschließend in schicken Straßencafés sein neuestes iPhone oder iPad vorführen, gekauft in Damaskus und nicht mehr in Beirut wie früher. In großen Hotels und einigen Shoppingmalls war es sogar möglich gewesen, mit Kreditkarte zu bezahlen, ehe die Sanktionen der USA und der EU das Land wieder von den internationalen Märkten abschnitt. Bis zu diesen Sanktionen hatte Syriens Wirtschaft Wachstumsraten von über vier Prozent. Kein Wunder also, wenn der syrische Präsident unter der wohlhabenden städtischen Bevölkerung sich auf Unterstützer verlassen kann, abnehmend sicherlich. Mit Sicherheit haben die Rebellen der FSA (Freie Syrische Armee) keine Freunde in diesen Kreisen, die Djihadisten ohnehin nicht.

Das syrische Wirtschaftswunder kam aber nur einer relativ kleinen Wirtschaftselite in den Großstädten zugute. Den Lebensstandard der Mehrheit der Bevölkerung, besonders auf dem Land und in kleineren Städten, hatte es nicht oder nur wenig verbessert. Die Menschen litten stattdessen unter steigenden Preisen, dem Abbau der für sie überlebenswichtigen Subventionen und dem Fehlen von sozialen Sicherungssystemen. Assads Marktwirtschaft war ein Wirtschaftswunder ohne Netz und doppelten Boden. Wer fiel, fiel hart. Und es fielen viele, vielleicht sogar die Mehrheit der Syrer. Kein Wunder also, dass die Proteste gegen Assad auf dem Land begannen, das zudem noch unter einer jahrelangen Dürre litt, die eine enorme Landflucht in die Ränder der Großstädte ausgelöst hatte. Diese Landflucht hat mit dazu beigetragen, dass die Jugendarbeitslosigkeit in den letzten Jahren dramatisch gestiegen war. Fast jeder dritte Jugendliche hat keinen Job oder einen, der zu schlecht bezahlt wird, um eine eigene Familie gründen zu können. Und selbst wenn es einmal mehr Geld gab, dann fraß die Inflation diese Gehaltserhöhungen sofort wieder auf. Kein Wunder also, dass es die Jugendlichen waren, die 2011 als erste auf die Straßen gingen.

Bis März 2011 hatten die Geheimdienste die wachsende Unzufriedenheit der Bevölkerung außerhalb der großen Städte oder in deren trostlosen Vorstädten mit Plattenbausiedlungen noch eindämmen können. Selbst im Januar 2011, als in Tunis der erste Diktator schon gestürzt war und in Kairo der Tahrirplatz Mubarak immer mehr in Bedrängnis brachte, rühmte sich

Armut in Syrien

In Syrien herrscht eine extrem ungleiche Einkommensverteilung, trotz einer Wachstumsrate der Wirtschaftsleistung von etwa vier Prozent vor Beginn der Aufstände.

Rund 13 Prozent der 22,5 Millionen Syrer leben unter der Armutsgrenze; dieser Anteil hat in den letzten Jahren zugenommen. 2006 waren es noch 11,9 Prozent. 2007 waren es schon 12,7 Prozent. Nach der Definition der Weltbank lebt jemand unter der Armutsgrenze, wenn ihm pro Tag nur ein Dollar zur Verfügung steht. Anderen Definitionen zufolge leben Menschen unter der Armutsgrenze, wenn sie ihren täglichen Bedarf an Nahrungsmitteln nicht decken können.

Laut einer Studie aus dem Jahr 2007 des UNDP, dem Entwicklungsprogramm der Vereinten Nationen, sind 33,6 Prozent der syrischen Bevölkerung notleidend. Ein Drittel aller Syrer lebten dementsprechend entweder unter oder am Rande der Armutsgrenze.

in Damaskus Assad noch, er habe alles im Griff. In einem Interview mit dem Wallstreet Journal sagte er am 31. Januar 2011: »Wir haben größere Schwierigkeiten als die meisten anderen arabischen Staaten. Aber Syrien ist stabil. Warum? Wir haben engen Kontakt zur Bevölkerung. Wir wissen, was die Menschen denken und fühlen.«

Schon anderthalb Monate nach diesem Interview brachen die Aufstände aus, zunächst als friedliche Demonstrationen. Ein besseres Leben forderten die Demonstranten, Respekt und Würde, außerdem politische Beteiligung. Auf Befehl Assads, der angeblich so genau weiß, was die Syrer denken und fühlen, versuchte die Armee die Demonstrationen mit Waffengewalt zu zerschlagen. Vom ersten Tag an gab es Tote. Diese Politik der Repression – ein verzweifelter Versuch, die eigene Macht abzusichern, der aber die anfangs friedlichen Demonstranten im-

Durch die Dauerdürre der letzten sieben Jahre sind bis Ausbruch der Aufstände mindestens 300 000 Menschen aus dem Norden nach Damaskus und in andere Städte geflohen. Die wirtschaftliche Lage auf dem Land war schon seit Jahren deutlich prekärer als in den Großstädten.

Über 75,3 Prozent der Einwohner Syriens sind unter 35 Jahre alt. Die Arbeitslosigkeit unter den Jugendlichen und jungen Familienvätern vor Ausbruch der Aufstände beträgt etwa 20 Prozent. Die Arbeitslosenquote insgesamt wurde 2011 auf 12,3 % geschätzt. In der arabischen Welt ist die Jugendarbeitslosigkeit höher als in anderen Weltregionen.

mer mehr radikalisierte. Deserteure gründeten die FSA, lose Verbände, die sich kaum untereinander koordinierten in ihrem Kampf gegen die hochgerüstete Armee Assads. Immer mehr radikale Sunniten bewaffneten sich und riefen zum Heiligen Krieg gegen den Alawiten Assad auf.

Heute, zweieinhalb Jahre nach Beginn der Auseinandersetzungen, ist aus dem Ruf nach einer gerechteren Gesellschaft der Kampfruf ›Allah u Akbar‹ geworden. Sunnitische Djihadistenbrigaden kämpfen gegen schiitische Hisbollah-Milizen, Saudi Arabien und Katar versuchen Syrien zum Schlachtfeld gegen den Iran zu machen. Der Aufstand der Syrer ist zum arabisch-iranischen Stellvertreterkrieg des Nahen Ostens geworden, von dem niemand sagen kann, wer am Ende gewinnt, sofern es überhaupt so etwas wie einen Sieger geben wird.

Die Verlierer stehen heute schon fest: die Syrer selbst, die in die Nachbarländer fliehen oder im eigenen Land als Binnenflüchtlinge umherirren. Wenn sie eines Tages zurückkehren, finden sie ein zerstörtes Land vor. Und dennoch gibt es nach wie vor die friedlichen Demonstranten. Allerdings werden sie kaum noch wahrgenommen. Organisationen wie Syrian Revolution General Kommission (SRGC), Local Coordination Committees in Syria (LCC) oder Syrian Revolution Coordinators Union (Union) ist der Wunsch gemein, Assad zu stürzen, aber auch dies: den Sturz wollen sie immer noch mit friedlichen Mitteln erreichen.

Und es gibt friedliche Oppositionelle selbst noch in Damaskus, die sich sogar offen zu ihrer Haltung bekennen, die also unmissverständlich sagen: »Assad muss weg. Früher oder später.« Sie treffen sich regelmäßig, in privaten Wohnungen oder Büros, sind bekannt und werden dennoch nicht verhaftet, sie werden geduldet vom Regime, vielleicht als Feigenblatt, vielleicht als Rückversicherung in die Zukunft. Es sind junge Syrer, die heftig die Zeit nach Assad planen. Liberale und Linke zumeist, die sich zumindest untereinander kennen und sich austauschen. Religion spielt für sie politisch keine Rolle. Zu ihnen gehören auch Christen oder Alawiten oder auch altgediente Oppositionelle, die selbst lange als politische Gefangene eingesperrt waren und trotz Folter ungebrochen für ein neues Syrien arbeiten.

Einer hat mir besonders imponiert, Abdul Aziz al-Khair. Er war ein führendes Mitglied der Kommunistischen Partei Syriens und hatte mehr als zehn Jahre im Untergrund gelebt. 1992 wurde er verhaftet, gefoltert und zu 22 Jahren Gefängnis verurteilt. 2005 wurde er auf Anordnung des Präsidenten Baschar al-Assad aus dem Gefängnis entlassen. Eigentlich durfte er sich politisch nicht mehr betätigen, wollte er nicht eine neue Gefängnisstrafe riskieren. Er ließ sich aber nicht einschüchtern. Zusammen mit anderen linken Parteien und Gruppen gründete er die sogenannte ›Linke Versammlung‹. Das war 2007. Im gleichen Jahr waren vier Regimekritiker zu hohen Gefängnisstrafen verurteilt worden, unter ihnen der bekannte, aus einer christlichen Familie stammende Autor Michel Kilo. Gerade er hatte sich immer wieder durch Demokratiemanifeste für grundlegende Reformen in Syrien eingesetzt.

Zum ersten Mal bin ich al-Khair im Sommer 2012 begegnet, bei meiner letzten Reise nach Damaskus also. Es war nicht leicht, seine Telefonnummer zu bekommen, um ihn zu kontaktieren, dann aber auch nicht leicht, sich mit ihm zu verabreden. Er ist ständig unterwegs. Er ist nämlich auch einer der Sprecher des »Nationalen Koordinierungskomitees für demokratischen Wandel in Syrien«, ein Zusammenschluss von Oppositionsgruppen in Syrien, die auch heute noch auf eine Lösung ohne Einmischung von außen setzen. Nach mehreren Anläufen kommen wir zusammen im karg ausgestatteten Büro seiner im September 2011 gegründeten Organisation.

Eines macht er sofort klar, Syrien sei nicht mehr in der Lage, sich selbst zu retten. Eine Lösung ohne Druck von außen habe keine Zukunft. Das Scheitern Annans und sein Rücktritt hätten bei ihm aber große Zweifel aufkommen lassen, ob die Supermächte noch ein Interesse daran hätten, Syrien zu einem friedlich Wandel durch Verhandlungen zu zwingen.

»Nur wenn die Supermächte, Russland und die USA sich auf eine gemeinsame Linie einigen, dann sehe ich eine Möglich-

Syrische Oppositionsgruppen

Nationale Koalition der syrischen Revolutions- und Oppositionskräfte: *Größte und einflussreichste Gruppe der Regierungsgegner. Sie wurde am 11. November 2012 in Katar gegründet, um eine vorläufige Exilregierung zu stellen. Staaten wie die USA, Frankreich und die Türkei haben die von Istanbul aus agierende Nationalkoalition als »legitime Vertretung des syrischen Volkes« anerkannt. Tatsächlich ist diese aber derartig zerstritten, dass der erste gewählte Vorsitzende Moas al-Khatib das Handtuch geworfen hat. Sein Nachfolger als Übergangspräsident ist Georges Sabra, ein Mitglied der Kommunistischen Partei Syriens und der christlichen Gemeinde Syriens zugehörig.*
Am 6. Juli 2013 wurde Achmed Assi al-Dscharba zu ihrem neuen Präsidenten gewählt. Er wird von Saudi Arabien unterstützt und steht dem Oppositionellen Michel Kilo nahe. Die NCS lehnt Verhandlungen mit Assad ab und hat inzwischen die Freie Syrische Armee als Mitglied aufgenommen.
Die Muslimbrüder haben auf Entscheidungen einen großen Einfluss.

Freie Syrische Armee (FSA), *gegründet im Sommer 2011 von Deserteuren der Assad-Armee, zunächst um friedliche Demonstrationen zu schützen. Inzwischen tragen sie die Hauptlast des Kampfes gegen die Staatstruppen. Viele lokale bewaffnete Gruppen traten der FSA bei. Unter einem gemeinsamen Oberkommando, dem Obersten Militärrat, der in der Türkei stationiert ist, versammeln sich nach eigenen Angaben etwa 40000 Soldaten in ganz Syrien.*

Syrischer Nationalrat (SNR), *gegründet am 23. August 2011. Vor Gründung der Syrischen Nationalkoalition der wichtigste Zusam-*

keit, die syrischen Parteien unter Druck zu setzen. Die bewaffnete Opposition setzt auf Gewalt, das Regime ohnehin.« Dann fügt al-Khair bei unserem Gespräch noch hinzu:

»Die Gewalt nützt nur den Radikalen«.

Die Djihadisierung des Konflikts habe schon längst begonnen. Der Westen habe das durch sein Nichtstun letztendlich ge-

menschluss der Oppositionsparteien, jetzt Mitglied der Nationalkoalition. Wichtigste Mitglieder im SNR sind die Muslimbrüder, die ein Viertel der Mitglieder stellen, sowie mehrere kleinere, vorwiegend politisch links orientierte Parteien.

Local Coordination Comittee (LCC) *Zusammenschluss der Protestbewegungen aus einzelnen Städten und Stadtvierteln. Die meisten Mitglieder sind junge Syrer ohne militante Vergangenheit, die sich über soziale Netzwerke wie Facebook organisieren und mit der Außenwelt über das Internet kommunizieren. Die LCC liefert auch die YouTube-Videos friedlicher Demonstrationen, die sie unterstützen, aber auch von Kämpfen.*

Syrian Revolution General Commission (SRGC) *aus der Nationalen Koalition im Juni 2013 wegen deren offenkundigen Versagen ausgetreten. Gegründet am 18. August 2011, handelt es sich um einen Zusammenschluss von etwa 40 Oppositionsgruppen.*

Syrian Revolution Coordinators Union (SYRCU) *seit 2011 Zusammenschluss von rund 216 örtlichen Gruppen, die für friedliche Proteste, Streiks und zivilen Ungehorsam stehen. Ziel ist ein demokratisches Syrien ohne Assad. Die SRCU hält den Kampf der FSA für legitim, beteiligt sich aber nicht an ihm. Vielmehr haben sie die medizinische Versorgung der Bevölkerung im Blick.*

▶

billigt. Das war im August 2012. Ein Jahr später sind Russland und die USA immer noch keinen Schritt weiter trotz einiger hoffnungsvoller Ansätze. Dafür haben tatsächlich die Djihadisten immer größeren Einfluss auf die Bewegung der Rebellen. Damals im Juli 2012 glaubt al-Khair noch, ein Wandel müsse das Regime einschließen, zumindest vorübergehend. Die Aufstände, die ein Jahr zuvor begonnen hatten, hielt er für zu spontan, zu wenig organisiert:

»Das führt nur zu einem größeren Krieg, am Ende setzt sich dann der Stärkere durch, nicht aber der mit dem besseren politischen Konzept für das neue Syrien.«

Dann erklärt er mir, wie es zu den Aufständen überhaupt gekommen ist. Der arabische Frühling in Tunesien und Ägypten war sicherlich Vorbild. Tatsächlich lägen die Wurzeln in Syrien tiefer, und die Ursachen seien älter:

»Als Baschar al-Assad 2000 Präsident wurde«, Abdul Aziz al-Khair beugt sich leicht vor und schaut mir streng in die Augen, als er seinen Vortrag beginnt, »da leitete er eine Periode von Wirtschaftsreformen ein. Er liberalisierte die syrische Wirt-

Supreme Council for the Leadership of the Syrian Revolution *(SCLSR)*
ist eines der wichtigsten oppositionellen Netzwerke in Syrien. Es versucht die bewaffneten Rebellengruppen logistisch und finanziell zu unterstützen. Mit welchem Erfolg, lässt sich nicht sagen.

Nationales Koordinierungskomitee für Demokratischen Wandel (NCC)
sitzt in Damaskus. Das NCC ist die einzige maßgebliche Oppositionsgruppe, die vom Assad-Regime noch geduldet wird; arbeitet eng zusammen mit

Building the Syrian State, *nennt sich inzwischen* **The Bridge**. *Dabei handelt es sich um einen Zusammenschluss gemäßigter Oppositioneller, die auf Verhandlungen mit der Regierung setzen und jede Einmi-*

schaft, ließ private Investitionen zu, und es gab eine neue Partnerschaft zwischen den ökonomischen Eliten und dem Regime. Doch die Öffnung war selektiv und manchmal auch von Zufall bestimmt. Wer keine guten Beziehungen zum Regime hatte, profitierte nicht. Die wirtschaftliche Macht konzentrierte sich auf wenige. Das hat dazu geführt, dass die Unterschicht und die Mittelschicht immer mehr verarmten. Die Elite und das Regime wurden dagegen immer reicher und korrupter. Das hat letztendlich zu den Aufständen geführt.«

Eine kompromisslose Analyse, der sich eigentlich auch viele Syrer im Exil anschließen können müssten. Doch der Bruch zwischen der Exilopposition und der internen ist tief. Einer der Gründe: die Exilopposition verlangt ausländische Intervention, also Flugverbotszonen, NATO-Kampfflugzeuge über Syrien, außerdem Waffenlieferungen an die Rebellen, was die interne Opposition strikt ablehnt. Sie meinte, so zumindest 2012 noch jede Internationalisierung des Konfliktes vermeiden zu können. Außerdem sieht die Exilopposition in der internen so etwas wie Verräter, die klammheimlich mit Assad kungeln, von

schung von außen ablehnen. Angeführt wird sie von Louay Hussein, einem ehemaligen politischen Gefangenen und Mona Ghanem, einer ehemaligen Mitarbeiterin des Präsidenten Baschar al-Assad.

Kurdischer Nationalrat, *gegründet am 26. Oktober 2011 im irakischen Arbil. Ist heute ein Zusammenschluss von 15 kurdischen Parteien. Wegen der Differenzen über die kurdische Autonomie nach einem Sturz von Assad zog dieser aus dem SNC aus.*
Es besteht eine Allianz mit der **Partei der demokratischen Union (PYD),** *die der türkischen PKK nahesteht und die arabischen Aufständischen bekämpft.*

diesem gesteuert seien und sich als demokratisches Aushängeschild missbrauchen ließen.

Zur internen Opposition gehört auch der Schriftsteller Louay Hussein, der selbst sieben Jahre lang als politischer Gefangener in den Gefängnissen Assads einsitzen musste, ohne je von einem Gericht verurteilt worden zu sein. Dort wurde er gefoltert, nach seiner Freilassung weiter überwacht, und das Land durfte er auch nicht verlassen. Mit seiner Bewegung *Building the Syrian State* hat er erstaunlich viele junge Syrer in Damaskus um sich versammelt. Die meisten allerdings dürften unserem Eindruck nach aus vermögendem Elternhaus stammen, also eher zu den Profiteuren der wirtschaftlichen Öffnung Assads gehören.

In einer der wohlhabenden Wohngegenden von Damaskus treffen wir ihn mit einigen seiner Anhänger. Ein großzügiges Haus mit Vorgarten, bequem mit Polstermöbeln eingerichtet, Stereoanlage und einem großen Flachbildschirm, der ständig läuft. Es gehört offensichtlich einem der jungen Syrer oder dessen Eltern. Louay Hussein, begleitet von der Ärztin Mouna Ghanim, die früher Syrien in verschiedenen UN-Organisationen vertreten hatte, sitzt hinter einem großen Schreibtisch:

»Das Regime darf nicht zusammenbrechen«, erklärte er uns auf Arabisch. Mouna übersetzt:

»Sonst bricht noch ganz Syrien endgültig zusammen. Wir wollen eine geordnete Ablösung des Assad-Clans.«

Soll Assad also im Amt bleiben? Nein, natürlich nicht auf Dauer, aber Assad als Übergangspräsident, das würden er und seine Freunde für eine gewisse Zeit hinnehmen. Wie das allerdings unter den Bedingungen dieses Bürgerkriegs gehen soll, konnte er bei der Begegnung im Sommer 2012 nicht erklären.

Was die verschiedenen Strömungen der internen Opposition in Damaskus voneinander unterscheidet, ist der Grad des Zorns auf das Regime. Die Skala reicht vom Verdruss über die Starrheit des politischen Systems und die Korruption bis zur Empörung über die Diktatur mit ihren Menschenrechtsverletzungen. Was sie eint, ist die Forderung: Das Regime muss weg, dies aber nur mit friedlichen Mitteln und ohne Einmischung von außen. Das ist der wichtigste Unterschied zur Opposition im Exil und zu den kämpfenden Rebellen. Die Mitglieder dieser verschiedenen Oppositionsbewegungen kennen sich untereinander und arbeiten eng zusammen. Saß man lange genug mit al-Khair zusammen, dann tauchte sicherlich Mouna auf. Irgendetwas gab es immer zu besprechen.

Diese Opposition in Damaskus setzt auch noch 2013 auf einen Wandel ohne ausländische Intervention, ohne Sanktionen und ohne Waffenlieferungen. Das Assad-Regime verurteilen sie als nicht reformierbar, das Menschenrechtsverletzungen nicht beendet hatte trotz aller Reformversprechen nach Ausbruch der Proteste. Im Gegenteil: Es habe willkürliche Verhaftungen sogar ausgeweitet, schrieb Louay in einem Buchartikel. Die politischen Reformen seien 2011 viel zu spät gekommen und ohnehin »eher formaler Natur gewesen und hätten nicht den Kern des Konflikts berührt«.

Diese interne Opposition hoffte 2013 immer noch, dass die beiden Großmächte, USA und Russland, auf ihren jeweiligen Syrienverbündeten einwirken, um einen Waffenstillstand zu erreichen. Allerdings, Annan war auch noch ein Hoffnungsträger für sie. Brahimi, seit September 2012 Sondergesandter der Vereinten Nationen und der Arabischen Liga für Syrien, ist es kaum noch, vielleicht eine allerletzte Hoffnung. Und fragte man sie: »Ist das alles nicht ein Traum? Jetzt noch friedlicher Wandel? Wie soll das möglich sein?« Dann antworten die Jungen:

»Wir müssen träumen, sonst zerstören wir unser Land.« Und die Alten wie Abdul Aziz al-Khair oder Louay Hussein sagen:

»Wir haben einen schlimmen Albtraum hinter uns, aber mit dem Bürgerkrieg haben wir einen noch viel schlimmeren vor uns.«

Das war im Sommer 2012, ein Jahr später ist der Albtraum endgültig da.

Louay Hussein widerlegt das lange verbreitete Vorurteil, die Opposition bestünde nur aus Sunniten. Louay ist Alawit, gehört damit der Religionsgemeinschaft des Assad-Clans an. Auch andere wichtige Oppositionelle wie der Wirtschaftswissenschaftler Aref Dalila sind Alawiten, Abdul Aziz al-Khair ebenfalls. Von ihm habe ich im Herbst 2012 das letzte Mal gehört. Damals war er von einer Reise nach China zurückgekommen. Auf dem Weg vom Flughafen in die Innenstadt von Damaskus ist er verschwunden – entführt, wie es hieß. Das Regime gibt Oppositionellen die Schuld, die wiederum dem Regime. Wer auch immer verantwortlich ist, al-Khair bleibt verschwunden. Die interne Opposition hat mit ihm einen ihrer wichtigsten Köpfe verloren. Die Aufständischen sehen in ihm noch immer einen Verräter.

ALEPPO, Rebellenland, OSTERWOCHE 2013

Die Augen unruhig und ängstlich. Den Kopf eingezogen, den Oberkörper gebeugt, so als suchten sie Deckung. Die Tasche fest an sich gepresst. So hetzen die Menschen durch Aleppo. Nicht anhalten. Möglichst schnell wieder nach Hause. Dort ist es zwar auch nicht sicher, Granaten und Raketen können schließlich überall einschlagen. Dort aber sind die Kinder.

Die Front ist nie weit entfernt, manchmal nur 200 Meter. Umgestürzte Busse versperren Einfahrten zu Straßen, die in die Kampfzonen führen. Die Busse sind als Barrikaden gedacht und sollen Passanten vor gegnerischen Scharfschützen sichern, die Einblick in die Straße haben. Der Alltagsverkehr rollt wie teilnahmslos an diesen Bollwerken vorbei. Fußgänger hasten über derartig geschützte Kreuzungen. Sie wissen, hinter der

Deckung lauert der Tod auf seine Chance. Andere Straßen sind durch hohe Erdwälle gegen den feindlichen Teil der Stadt abgeschirmt. Doch jeder weiß auch, nicht immer verhindern solche Sichtsperren den Blick der Schützen durch ihre Spezialvisiere. Heckenschützen sind findig und versuchen jeden noch so kleinen Durchblick zu nutzen. Auf zwei Kilometer können sie ihr Ziel treffen. Und ihnen ist es egal, wen sie töten oder verletzen: Kinder, Frauen, alte Männer oder einfach auf einen vorbeifahrenden Kleinbus schießen, egal wer drin sitzt, Hauptsache getroffen und jemanden verletzt oder gar getötet. Schließlich ist für sie jeder ein Feind, der auf der Rebellenseite lebt. Angeblich zahlt die Armee Assads Abschussprämien. Auf der anderen Seite leben die Menschen in der gleichen Angst. Auch die Einheiten der Rebellen haben ihre Scharfschützen, die genauso erbarmungslos ihr Handwerk ausüben. Sie behaupten zwar: »Wir schießen nur auf Soldaten.« Doch gefragt: »Könnt ihr tatsächlich durch euer Zielfernrohr mit dem Fadenkreuz immer zwischen Zivilist und Soldat unterscheiden?« müssen sie den Kopf schütteln.

Aleppo ist also eine Stadt, in der die Menschen in ständiger Angst leben. Aleppo, einst eine arabische Traumstadt, heute ein Albtraum für die Bewohner.

Granatexplosionen gehören inzwischen zur alltäglichen Geräuschkulisse dieser Stadt. Sind sie weit genug weg, zuckt keiner mehr zusammen. Wenn aber auf einem Platz in der Nähe einer Ansammlung von Menschen Geschosse einschlagen, dann schrecken sie auf und rennen in wildem Chaos durcheinander, suchen Deckung oder auch nur das Weite, ohne zu wissen, wo sie wirklich Schutz finden können. Gibt es keine zweite Explosion, hasten sie nach einigem Zögern wieder zurück, telefonieren vielleicht noch mit ihren Angehörigen: »Alles in Ordnung. Mir ist nichts passiert!« und gehen wieder ihrer Arbeit nach, auch wenn die Angst und der Schrecken über den eben noch so nahen Tod in ihren Augen steht. Nur wer Arbeit hat, überlebt im Krieg, selbst wenn er dafür sein Leben riskieren muss. Aus nackter Not. Tausende riskieren jeden Tag ihr Leben, wenn sie zwischen den Fronten pendeln.

Auch das gibt es in Aleppo, eine schmale Straße, die die Rebellenseite der Stadt mit Assads Aleppo verbindet: ein von beiden Parteien akzeptierter neutraler Übergang, der Scheich-Ress-Korridor, auf der einen Seite von bärtigen mit alten Kalaschnikows ausgerüsteten Kriegern bewacht, auf der anderen vermutlich von Assads Soldaten. Durch diesen Gang hetzen täglich tausende Menschen, weil sie ihr Geschäft auf der anderen Seite haben, ihren Arbeitsplatz oder Verwandte. Und immer wieder explodieren ganz in der Nähe Granaten. Drei bis vier Menschen sollen angeblich jeden Tag allein in diesem Korridor von Scharfschützen getötet werden. Und dennoch müssen viele ihn benutzen. Alltag in Aleppo. Überleben in Aleppo.

»Warum Angst haben. Das passiert hier jeden Tag«, antwortet uns ein vielleicht fünfzehnjähriger Verkäufer einer trüben Brühe in einem Glasballon, von der er hofft, dass Käufer dafür bezahlen und sie trinken. Gerade waren ganz in der Nähe wieder Granaten eingeschlagen. Der Junge, in abgerissenem Hemd und zerschlissener Hose, steht hier jeden Tag mit seinem undefinierbaren Saft. Und jeden Tag schlagen in seiner Nähe solche Granaten ein, viel zu nahe, aber immer noch weit genug weg.

»Das kann auch näherkommen: Ist das euch klar?«

»Aber wir müssen doch alle sterben«, mischt sich sein gleichaltriger Kumpel altklug ein und grinst schief und herausfordernd in unsere Kamera.

Die Kinder von Aleppo – vom Bürgerkrieg deformiert. Das bestätigt auch ein Familienvater, den wir noch am gleichen Nachmittag besuchen. Mit seiner siebenköpfigen Familie leben er und sein Bruder in einem einzigen Zimmer, im Westen der Stadt, der Boden mit einem abgenutzten Teppich bedeckt, an der Wand ein paar Sitzkissen. In den beiden anderen Wohnräumen haben sich in den Decken breite Risse gebildet, Betonteile sind heruntergebrochen, nachdem in der Nachbarschaft eine Scud-Rakete einschlug. Immerhin, ihr Haus wurde nur beschädigt und nicht zerstört, wie die vieler Nachbarn. Die beiden Brüder, Ali und Mohamed Quadun, versuchen sich und die Familie mit einem Gemüseladen über Wasser zu halten, mehr schlecht als recht. Kaum einer im Viertel hat Geld, Gemüse oder gar Obst zu kaufen, es sei denn, die Islamisten unterstützen ihn mit Spenden aus den Golfstaaten.

»Was sollen wir machen? Wir müssen das Geld nehmen. Wir müssen schließlich unsere Kinder ernähren«, entschuldigt sich Ali achselzuckend. Dann fragt er noch:

»Und ihr, warum schickt ihr uns nichts? Europa interessiert sich nicht für uns. Ihr habt uns vergessen.«

Seinen halbwüchsigen Sohn muss er in eine kleine Textilfabrik schicken, damit er etwas dazuverdient. T-Shirts in einer Hinterhofklitsche zusammennähen. Für sieben Dollar in der Woche. Zusammen mit anderen Kindern. Erwachsene Arbeiter kommen nicht mehr in die kleine Fabrik, entweder ist ihnen der Weg zu gefährlich oder sie sind mit ihren Familien geflohen.

Während wir im Zimmer auf dem Teppich sitzen und miteinander reden, hören wir von draußen plötzlich einen lauten Knall, eine Explosion. Die Kinder zucken kurz zusammen.

»Hast du das gehört?« fragt der Vater. »So geht das ständig, am schlimmsten ist es in der Nacht. Wenn schon die Kinder am Klang erkennen, ob es eine Rakete ist, ein Flugabwehrgeschoss oder ein Flugzeug. Was bedeutet das? Und wenn sie überleben, was wird dann aus ihnen?«

Dann führt er uns auf seinen Balkon und deutet auf das, was von seiner Nachbarschaft übriggeblieben ist: Wohnhäuser zu weißem Schutt zerbröselt, aus dem ein paar Ruinen ragen wie eingeschlagene Zahnstümpfe. Die Gewalt der Explosion hat noch auf eine Entfernung von mehreren hundert Metern die Fassaden von Häusern abgerissen, Zimmerdecken eingedrückt, Stockwerke sind ausgebrannt, die Scheich-Shana-Straße mit Betontrümmern übersät. Menschen irren durch dieses Trümmerfeld, graben mit bloßen Händen oder mit Hacke und

Stichwörter zu Islamisten und Djihadistengruppen

1 – Radikale Gruppen innerhalb der FSA sind:

Syrische Islamische Befreiungsfront (SILF) *als Dachorganisation. Dazu gehören:* **Islamische Brigaden** *aus Damaskus, die* **Brigaden der Märtyrer Syriens** *und die* **Falken der Levante** *aus der Region Idlib. Ihre Offiziere behaupten, etwa 25 000 Mann unter Waffen zu haben. Viele SILF-Brigaden sollen Gelder aus Saudi Arabien beziehen.*

2 – **Syrische Islamische Front (SIF)**, *wichtigste Dachorganisation der Hardliner, im Dezember 2012 gegründet. Ihr gehört unter anderem der angeblich 10 000 Mann starke, in Aleppo, Idlib und Hama operierende Verband* **Harakat Ahrar al-Scham al-Islamija** *(»Islamische Bewegung der freien Männer Syriens«) an. Insgesamt sollen 25 000 Mann in der SIF organisiert sein. Sie betrachtet den Kampf gegen Assad als »Heiligen Krieg« und somit als religiöse Pflicht. Radikale Prediger in den Golfstaaten sammeln Geld für die SIF, die für einen islamischen Staat mit der Scharia als Rechtsgrundlage kämpft.*

Die **Dschabhat al-Nusra**, *die »Unterstützungsfront für das syrische Volk«, versteht sich als syrischer Ableger von Al-Qaida. Die extremistische Rebellengruppen soll laut Schätzungen westlicher Geheimdienste etwa 5 000 Kämpfer haben. Sie ist die militärisch schlagkräftigste Rebellengruppe,* **die an vielen der syrischen Kriegsschauplätzen** *aktiv ist. Im Dezember 2012 wurde die Nusra-Front von den USA als Terrororganisation eingestuft. Bekennt sich zu Anschlägen von Selbstmordattentätern und mit Autobomben.*

Die Nusra-Front kooperiert gelegentlich mit anderen Einheiten, geht aber keine langfristigen Bündnisse ein.

Schaufel oder sie starren hilflos auf die zerstörten Häuser, unter denen auch Tage nach der Raketenexplosion Familienangehörige verschüttet sind. Bagger, um sie aus den Trümmern zu bergen, haben sie nicht. Ein Mann, halb irre vor Schmerz, schlägt seine Hände vor sein Gesicht und schluchzt kaum verständlich, er habe nur überlebt, weil er einkaufen war: »Meine

Islamische Staat im Irak und Syrien (ISIS), *eine ebenfalls Al-Qaida nahe Djihadistengruppe, die ab Mitte 2013 immer wieder in Kleinkriege mit der FSA verwickelt ist.* »*Besonders brutal auftretende djihadistische Gruppe*« *(Wolfgang Bauer, DIE ZEIT), verantwortlich für Entführungen, Hinrichtungen, und Anschläge.* »*Islamisten aus Europa, Kaukasus, Nordafrika, rund 6000 Ausländer sollen in Syrien unter Waffen stehen.*« *(W.Bauer, DIE ZEIT)*

Verschiedene kleine Djihadistengruppen:

Seit Mitte 2013 gibt es immer häufiger Zusammenstöße zwischen Djihadisten und der Freien Syrischen Armee. Die Radikalen haben zum Heiligen Krieg bis zum Endsieg aufgerufen. Einige Gruppen träumen von einem Emirat Syrien-Irka. In den von ihnen kontrollierten Gebieten machen sie sich zu Herren über Leben und Tod. Finanziert werden sie vermutlich von religiösen Stiftungen und Privatpersonen aus Saudi Arabien und Katar.Viele Djihadisten kommen auch aus dem islamischen Ausland: Irak, Tschetschenien, Libyen usw.

Viele Djihadisten kommen auch aus dem islamischen Ausland: Irak, Tschetschenien, Libyen usw.

Aus Deutschland sollen laut Verfassungsschutz 170 Djihadisten eingereist sein.

Quelle u.a., ZEIT Dossier, Spiegel online

zehn Kinder und meine Frau liegen immer noch unter den Trümmern. Ich kann sie noch nicht einmal beerdigen.« Ein paar hundert Familien lebten bis vor kurzem hier entlang der Scheich-Shana-Straße, in einfachen Wohnungen. Reiche Menschen gibt es in diesem Viertel nicht, Militär auch nicht. Die Front ist gut zwei Kilometer entfernt. Für Politik hatten sie sich nur mäßig interessiert. Als Sunnit hatte man ohnehin nichts ändern können. Die alawitischen Nachbarn, die sind ständig bevorzugt worden. Die hatten alles, was sie wollten, was sie brauchten sowieso. Warum also die Scud-Rakete? Für die Menschen in Aleppo ist klar: »Terror. Assad will uns Sunniten terrorisieren.«

Aleppo hatte sich spät den Aufständen angeschlossen, im Grund erst Mitte 2012. Vorher ein paar Studentendemonstrationen auf dem Campus der Universität, die Polizei und Militär schnell niedergekämpft hatten. In den Außenbezirken begannen dann die Aufstände, dort, wo Arbeiter, Landflüchtlinge und kleine Handwerker leben. Heute geht die Regierung in Damaskus gegen die eigene Bevölkerung mit elf Meter langen Scud-Raketen vor, die bis zu einer Tonne herkömmlichen Sprengstoff transportieren können. Wer sie abfeuert, muss wissen, dass er kaum festlegen kann, wo genau sie einschlägt; die Navigationseinrichtung der Rakete arbeitet ungenau. Irgendwo innerhalb eines Radius von fast einem halben Kilometer wird sie explodieren, also keine Waffe, um punktgenau militärische Einrichtungen zu zerstören. Die Scud-Raketen sind eher dazu gedacht, großflächig Ziele wie Wohngebiete anzugreifen, bei denen es nicht auf Genauigkeit der Zerstörung ankommt. Man will vielmehr möglichst viele Menschen töten und Angst und Schrecken mit den Raketen verbreiten, kurz, die eigene zumeist wehrlose Bevölkerung terrorisieren.

Wenn das Regime in Damaskus glaubt, diese Bevölkerung mit dem Raketenterror gegen die Rebellen aufwiegeln zu können, irrt es sich allerdings gewaltig. »Assad ist der Terrorist!« oder

»Assad – du Mörder!« Solche Graffiti kann man auf vielen Häusern in den Städten in Nordsyrien lesen. Die wenigsten der Menschen wollen Assad zurück: »Diesen Mörder am eigenen Volk? Nie und nimmer.« Das ist fast immer die Standardantwort.

Allerdings treffen wir selten auf wirkliche Begeisterung für die Sache der Rebellen. Dazu dauert der Krieg schon zu lange, dazu bezahlen die Zivilisten einen zu hohen Preis. Ein weiterer Grund wahrscheinlich: Weder die Freie Syrische Armee noch die verschiedenen Djihadistengruppen können oder wollen die Bevölkerung wirklich schützen oder sind in der Lage, so etwas wie eine überzeugende Alternative zu bieten. Die Bevölkerung versorgen? Höchstens mit Almosen vom Golf. Uns wird auch erzählt, dass einige Kampfkommandanten kleine Handwerksbetriebe oder Fabriken beschlagnahmt haben und in die eigene Tasche wirtschaften. Nachprüfen lassen sich solche Geschichten nur schwer. Doch allein das Gerücht schafft eine unheilvolle Stimmung in der Bevölkerung.

Die Not der Menschen begegnete uns in den belebten Straßen der Stadt: bettelnde Frauen mit Kleinkindern auf dem Arm. Sie strecken uns ihre Hand entgegen, deuten auf das Kind oder zeigen auf den Mund, um Hunger anzudeuten. Auch Männer in abgetragenen Anzügen sprechen uns an und bitten um Geld: »Ihr müsst uns helfen. Keiner tut es. Ich kann nichts für meine Kinder kaufen.« Aus dem Chaos des Bürgerkrieges wird nur zögerlich so etwas wie eine neue staatliche Ordnung erkennbar, und die lässt nicht viel Gutes ahnen, jedenfalls wenn man sich als gemäßigter Sunnit versteht. Darüber sollten wir am Abend mehr erfahren bei einem Gespräch mit einem solchen Djihadisten, der der Ahrar-a-Shams-Brigade angehört, auch sollten wir lernen, wie tief sich der Hass inzwischen in vielen Menschen festgefressen hat, der Hass gegen den militärischen Gegner, aber auch gegen andere Religionsgruppen in Syrien.

Am späten Nachmittag fahren wir nach Azaz zurück. Der Tag war ruhig für diese Stadt, keine Raketeneinschläge, keine Artillerieangriffe. Die Bohrmaschine vor unserem Haus lärmt wie schon am Morgen, auf Wasser sind die Bohrer immer noch nicht gestoßen.

In unserem Wohnhaus – ein Zimmer ist mit Bastmatten ausgelegt. Ein mit Öl betriebener Kanonenofen sorgt für ein bisschen Wärme. Hier essen, schlafen wir und versuchen das tagsüber Erlebte aufzuarbeiten. Einfach, aber ausreichend. An den Wänden stapeln sich die Matratzen, auf denen wir später schlafen werden. Im gleichen Haus lebt Anwar mit seiner Familie. Draußen rattert der Stromgenerator und liefert sich einen krachenden Wettkampf mit dem Bohrturm. Elektrizität gibt es von der Stadt maximal zwei Stunden am Stück. Wann, weiß niemand. Dennoch läuft der Fernseher ununterbrochen. Türkisches Programm. Das syrische Staatsfernsehen – »Assads Lügenkanal« – wollen unsere Gastgeber sich und uns nicht zumuten.

Dann kommen die jüngeren Brüder von Anwar und bringen Teller und Schüsseln mit Essen. Huhn, Gemüse, Joghurt angemacht mit Knoblauch und Salz, Homus, Fatouch, ein grüner Salat mit gerösteten Brotstücken, Falafel oder ganz ordinäre Pommes. Dazu aus einem großen Glaskrug Ayran, ein Joghurtgetränk aus Salz, Minze und Knoblauch. Alles aufgebaut auf einem auf dem Fußboden ausgebreiteten Tuch, um das wir uns im Schneidersitz hocken. Unbequem für alle, die diese Sitzhaltung nicht gewohnt sind. Aber ein Festmahl, zu dem Anwar sich seinen Gästen gegenüber verpflichtet fühlt. Kaum einer in Azaz kann sich so etwas noch leisten. Kein Wunder, dass immer wieder Nachbarn wie zufällig vorbeischauen und natürlich sofort eingeladen werden, mit uns zu essen.

Unter ihnen ein Mann ganz traditionell in Schwarz gekleidet mit auffallendem Backenbart und ausrasierter Oberlippe. Seinen Namen will er uns nicht nennen, verrät aber, dass er als Kommandant einer Mörsereinheit zu den Belagerern des nahen Hubschrauberflughafens gehört, die die eingeschlossenen Assad-Soldaten regelmäßig mit Granaten beschießen. Seine Einheit gehöre zur kampferprobten Ahrar-al-Shams-Brigade, erzählt er stolz, wartet einen Augenblick, um diese Information wirken zu lassen; dann langt er kräftig zu, lädt sich Reis und Huhn auf seinen Teller, ein paar Pommes und ein bisschen Gemüse. »Wir haben an der Front nicht viel zu essen«, entschuldigt er sich. Nach dem Essen lässt er sich dann doch ausfragen.

»Wo steht ihr in diesem Krieg? Bei der Freien Syrischen Armee oder der Nusra-Front?«

Diese Nusra-Front ist ein Ableger von Al-Qaida aus dem Irak und wird von den Amerikanern als terroristische Vereinigung eingestuft. Doch viele Syrer bewundern die aufopferungsvoll und fanatisch kämpfenden Gefolgsleute Osama Bin Ladens. Andere fürchten sie; denn es gibt auch immer wieder Meldungen, dass einige der Kommandanten in Kriminalität verstrickt sind. Überfälle, Erpressung, Entführungen.

»Wir lieben die Kämpfer der Nusra-Front«, für den Ahrar-al-Shams-Mann gibt es keinen Zweifel, »das sind unsere Freunde«. Sich selbst versteht er als Salafist, also als einen Moslem, der eine Art Steinzeitislam lebt. 83 Brigaden bilden die Ahrar al Shams, was so viel heißt wie ›Bewegung der freien Männer Syriens‹. 10 000 Kämpfer rechnen zu dieser Bewegung. Tendenz steigend. Kommandiert werden sie von Abu Abdallah, einem Mann mit imposantem Bart. Vor der Revolution war er lange als politischer Gefangener inhaftiert gewesen. Von seinen Männern lässt er sich ehrfürchtig mit »Emir« anreden, was so viel heißt wie Prinz oder Befehlshaber, also ein militärischer Rang aus der frühislamischen Zeit. Ihren Kampf verstehen sie als einen ›Heiligen Krieg‹ gegen den Iran, die libanesische Hisbollah und die syrischen Alawiten, die angeblich aus ganz Syrien einen schiitischen Staat machen wollen. Schiiten für sie – vom wahren Glauben des Propheten Abgefallene, die es zu bekämpfen gilt. Mit der Freien Syrischen Armee, dem lockeren Zusammenschluss von Deserteuren, kooperiert die Ahrar al Shams, wenn auch nur zähneknirschend.

»Und die Freie Syrische Armee?«

Die seien nicht gläubig, die würden sogar Alkohol trinken und rauchen, sie sind also Sünder, empört er sich. »Die lügen und helfen den Zivilisten nicht.«

Die Ahrar-al-Shams kann sich solche Hilfe leisten, sie bekommt genügend Geld aus den Golfstaaten, von islamischen Organisationen und von reichen Privatleuten der Wüstenstaaten. Geld, das sie im Norden Syriens unter Bedürftigen verteilt, immer mit der Auflage, ein gottgefälliges Leben zu führen. Dieses Geld, über das unser kämpfender Mitesser offen redet, ist auch eine Investition in die islamistische Zukunft des Landes. Weder die Geldgeber am Golf noch die Islamisten in Syrien träumen von einem demokratischen Syrien. Nach einem Sturz Assads wollen sie aus dem Land einen streng religiösen Staat machen, der nur nach den Regeln des Koran und der Sharia regiert wird. Sie träumen von Syrien als einer Art Gottesstaat. Und wer heute großzügig gibt, so die Überlegung der barmherzigen Djihadisten, hat heute schon Menschen von sich abhängig gemacht und kann nach einem Einmarsch in Damaskus mit großer Gewissheit die Ernte einfahren.

»Und die vielen anderen Religionen, die es in Syrien gibt? Die Christen, die Drusen oder Alawiten? Welche Rolle werden die in deinem neuen Syrien spielen? Dürfen die überhaupt bleiben?«

»Der Krieg wird nach einem Sturz Assads weitergehen«, verkündet der Djihadist und nimmt sich noch eine Portion Huhn mit Reis.

»Wir müssen die Alawiten verjagen.«

Wie blutig er das meint, macht er mit einer Geste deutlich. Mit seiner flachen Hand fährt er an seiner Gurgel entlang. Die Alawiten seien die größten Verbrecher im Land, schließlich sei Assad selbst so einer. Der Hass auf die Alawiten sitzt tief bei den sunnitischen Gästen und Gastgebern dieses Abendessens. Selbst unser Begleiter Anwar, den wir für gemäßigt und besonnen gehalten hatten, kennt bei Alawiten kein Pardon. Schließlich hätte diese Minderheit – etwa zwölf Prozent aller Syrer sind Alawiten – alle wichtigen Stellen im Staat besetzt: Offiziere, Bürgermeister, Beamte, alle seien Alawiten. Alawiten seien Menschen, die gewohnt sind, Befehle zu geben, so die Erfahrung von Anwar mit ihnen:

»Und wir müssen gehorchen.« Er ist der festen Überzeugung: »Alle Alawiten sind korrupt. Alle sind reich, weil sie uns das Geld abgenommen haben. Wenn wir etwas von ihnen wollen, dann müssen wir sie bezahlen.«

Als ich ihm von meinem Besuch in den Bergen von Latakia erzähle, von den kleinen ärmlichen Dörfern, von den alawitischen Bauern, die dort leben, mehr schlecht als recht, von den nicht sehr fruchtbaren Feldern, starrt er mich ungläubig an. Davon hatte keiner im Raum bislang etwas gehört. Arme Alawiten? Und das in Assads Syrien? Für ihn kaum vorstellbar.

Auch der Djihadist schüttelt den Kopf. Er will es nicht glauben, weiß er doch gar nicht, ob er mir überhaupt trauen kann, schließlich bin ich in seinen Augen ein Ungläubiger. Anwar wirkt nachdenklich. Unser Fahrer meint:

»Vielleicht sind ja nicht alle Alawiten so, wie wir das meinen.«

Dann kommt der Tee. Anwars kleiner Bruder verteilt ihn.

»Ein oder zwei Löffel Zucker?« Der Djihadist lässt sich vier in das kleine Teeglas füllen. Dann sagt er: »Das kann nicht stimmen. Die Alawiten sind unsere Feinde wie alle Schiiten. Sie müssen sterben.«

»Und die Christen? Immerhin ist jeder zehnte Syrer ein Christ.«

Der Djihadist lacht: »Keine Sorge, die schicken wir in den Libanon. Zufrieden?«

Einigen im Raum scheint das Thema peinlich zu sein. So redet man nicht mit Gästen!

Schließlich widerspricht Anwar energisch: »Die haben eine Buchreligion. Du weißt, was über die Christen im Koran steht. Die Christen können bleiben.«

Der Ahrar-al-Shams-Mann schüttelt nur den Kopf und nippt an seinem Tee.

Dann verlegene Stille. Die Wasserbohrer vor dem Haus sind nicht mehr zu hören, sie haben offensichtlich für heute ihre Suche eingestellt, nur der Stromgenerator rattert vor sich hin.

DAMASKUS, Assad-Land, SOMMER 2012

Der Stadtteil Bab Tuma gehört mit zum Schönsten, das die Altstadt von Damaskus zu bieten hat. Benannt nach einem der sieben mittelalterlichen Tore der Stadtmauer, die einst ganz Damaskus umschlossen hatte. Die meisten Gassen so schmal, dass die Fußgänger zur Seite springen müssen, wenn ein Auto durchfahren will. In den Geschäftsstraßen reiht sich ein kleiner Laden an den nächsten. Die massiven Steinhäuser sind oft mehrere hundert Jahre alt. Die den Gassen zugewandten Fassaden wirken eher abweisend mit ihren schmalen Fenstern und Maschrabien, und die Türen sind fest verrammelt. Das Leben der Menschen in den Häusern spielt sich in den mit Blumen üppig geschmückten Innenhöfen ab. Wie in der arabischen Welt üblich, ist das Private auch hier streng von dem Öffentlichen getrennt.

Hier gibt es die besten Restaurants von Damaskus. Libanesisches Bier oder Wein? – kein Problem. Die Geschäfte sind in

Bab Tuma freitags geöffnet, schließen dafür am Sonntag. Denn fast alle Bewohner dieses Viertels sind Christen, die meisten tiefgläubig, auch wenn junge Frauen sich gerne in den Gassen von Bab Tuma in engen Jeans, mit offenem Haar und rot geschminkten Lippen zeigen. Im Kern sind die christlichen Syrer genauso streng konservativ wie ihre muslimischen Nachbarn im nächsten Viertel. Man bleibt lieber unter sich. Das soziale Netzwerk solcher Stadtteile sorgt einerseits für Sicherheit, gleichzeitig aber auch für eine engmaschige soziale Kontrolle und zwingt zu Wohlverhalten. Eines der großen Tabus in allen arabischen Gesellschaften hat auch die säkulare Ideologie der syrischen Baathpartei nicht brechen können: es ist nach wie vor nahezu ein Ding der Unmöglichkeit, dass eine Christin einen Muslim heiratet oder ein Christ eine Muslima. Die Religionen in Syrien grenzen sich lieber gegeneinander ab.

Christliche Kirchen in Syrien	
Griechisch-Orthodox	545 250 Mitglieder
Armenisch-Orthodox	342 123 Mitglieder
Römisch-Katholisch	180 372 Mitglieder
Syrisch-Orthodox	166 029 Mitglieder
Syrisch-Katholisch	62 148 Mitglieder
Armenisch-Katholisch	61 900 Mitglieder
Maronitisch	57 873 Mitglieder
Protestantisch	37 605 Mitglieder
Assyrisch	35 280 Mitglieder
Lateinisch	21 237 Mitglieder
Chaldäisch-Katholisch	17 169 Mitglieder
Gesamt	**1 526 997 Mitglieder**

(zitiert nach: Syrien – Der schwierige Weg in die Freiheit, Dietz-Verlag, 2012)

An den Sonntagen sind die Kirchen voll, oder besser gesagt, sie waren es; denn auch in Syrien hat ein Exodus der Christen begonnen und droht sich zu einer Auswanderungswelle aufzubauen, auch wenn die Priester der verschiedenen christlichen Kirchen versuchen, ihre Gläubigen im Land zu halten: »Standhalten, nicht flüchten. Das ist unsere Aufgabe und unser Ziel«, sagte mir ein Priester nach einem Sonntagsgottesdienst. Doch je länger der Krieg dauert, desto nervöser werden die Christen. Jeder fünfte soll schon ausgewandert sein. Sie haben Angst vor der Zukunft, Angst vor einer »Nacht der langen Messer«, Angst vor einem islamistischen Staat, angeführt von syrischen Muslimbrüdern oder gar den Djihadisten.

Ein Beispiel – unser Besuch in der Mariamia-Kathedrale in Damaskus. Sonntagsgottesdienst der griechisch-orthodoxen

Monsignore Elias Toumeh, Weihbischof in Wadi al-Nasara, Homs

Müssen Christen in Syrien Angst haben, weil sie Christen sind?

In friedlichen Zeiten nicht.

Und jetzt?

Jetzt ja! Angst. Wir sind sehr empfindliche Bürger. Wir fühlten uns immer als Fremde im eigenen Land. Erst in den letzten Jahren haben wir uns als gleichwertige Bürger gefühlt, nachdem Assad unseren Rechtsstatus verbessert hatte. Jetzt haben wir Angst, wieder alles zu verlieren.«

Und der Preis war die Anlehnung an Assad damals?

Nein, es gibt keine Anlehnung an Assad. Die Hälfte meiner Gemeinde ist gegen Assad. Und das sagen sie auch in der Kirche. Nur wer Gewalt anwendet, hat in Syrien etwas zu fürchten. Wer seine Meinung mit Liebe sagt, hat nichts zu fürchten.

Gemeinde. Diese Glaubensgemeinschaft ist die größte unter den elf christlichen Konfessionen im Land. Die meisten Gläubigen gehören zum Mittelstand des Landes und sind als Angehörige einer religiösen Minderheit in Syrien eher dem Regime Assads zugeneigt als den Aufständischen. Artikel 35 der syrischen Verfassung garantiert allen Religionen Glaubensfreiheit. Der Staat ist verpflichtet, sämtliche Bekenntnisse zu respektieren. Auch die Ideologie der herrschenden Baathpartei gibt sich religionsfern, behauptet tolerant zu sein und allen Religionen einen sicheren Hafen zu bieten. Christen genießen jedenfalls Religionsfreiheit, wenn auch nur in den Grenzen der sehr eingeschränkten Meinungsfreiheit. Beten ja! Kritisieren nein! Wenn sie aber ihre Loyalität beweisen, dann können sie Kirchen bauen, ihre Festtage feiern, gelegentlich nimmt der

Als was sehen Sie die Aufständischen heute?

Sie sehen hier im Westen nur den Diktator. Wir aber haben verschiedene Situationen bei uns. Ich habe schon im ersten Jahr des Aufstandes in Latakia erlebt, dass Frauen zu mir kamen, weil sunnitische Taxifahrer sie belästigt hatten. »Sie haben uns gesagt, jetzt müsst ihr auch bald Kopftuch tragen«, erzählten mir die Frauen. Sie waren sehr beunruhigt. Oder Kinder bedrohten sie mit Spielzeugpistolen, weil sie Christen sind. All das hatte es früher nicht gegeben. Die Christen sind sehr empfindlich. Wir hatten einen Schirm, der uns beschützt hatte. Der ist jetzt weg.

Aber es war der Schutzschirm einer Diktatur!

Und wenn die andere Seite siegt, dann haben wir eine theokratische Diktatur.

Das Interview führte der Autor am 12. Juni 2013 in Loccum

Staatspräsident sogar an Weihnachts- oder Ostergottesdiensten teil. Deswegen fühlen sich die Kirchen bislang gut aufgehoben in Assads Syrien und wollen daran möglichst wenig geändert sehen. Die Propaganda der Regierung fällt bei ihnen auf besonders fruchtbaren Boden.

Michel Kilo über die zivile Opposition und die Perspektiven nach Assad

Quelle: 8. Oktober 2012 von ADOPT A REVOLUTION

Harald Etzbach, Redakteur der Sozialistischen Zeitung (SoZ) sprach mit ihm Ende August:

SoZ: Mitte Juli wurden bei einem Anschlag auf das Zentrum der Nationalen Sicherheitsbehörde in Damaskus vier enge Vertraute von Präsident Assad getötet. Die Folge war eine Eskalation der Auseinandersetzungen. Wie hat sich seither das Verhältnis zwischen militärischem und zivilem Widerstand in Syrien verändert?

Nach diesem Angriff hat das Regime einen umfassenden Krieg gegen alle Teile des Landes begonnen. Ich glaube, das Regime hat Angst vor einer Spaltung innerhalb seiner eigenen Anhängerschaft und hat verstanden, dass die Krise viel größer geworden ist, als es zunächst glaubte. Das Regime bombardiert Dörfer, Schulen, Straßen, Moscheen usw. mit Waffen, die dazu dienen, große Gebiete dem Erdboden gleichzumachen. Das ist jetzt der dritte Angriff gegen die Freie Syrische Armee (FSA) in den letzten drei Monaten und der fünfte Angriff gegen die syrische Bevölkerung in den letzten eineinhalb Jahren. Dem Regime geht es darum, den Kampf endgültig zu entscheiden, es weiß, dass es um sein Überleben geht und dass es sich mit allen Mitteln verteidigen muss.

Bedeutet dies auch, dass es keinen Raum mehr für eine zivile, nichtmilitärische Opposition gibt?

Und diese verkündete vom ersten Tag der Aufstände im März 2011 an: Diese Demonstranten seien sunnitische Terroristen, intolerant, fanatisch, daher für alle Nichtsunniten lebensgefährlich. Ihr Fanatismus ließe keinen anderen Glauben zu als den ihren, Christen und andere religiöse Minderheiten müss-

Die Opposition war zunächst lange Zeit unbewaffnet, doch dann ist das Regime mit einer solchen Brutalität vorgegangen, dass die Menschen sich verteidigen mussten. Dennoch gibt es bis heute hunderte von Orten, an denen jede Woche friedliche Demonstrationen stattfinden. Mitte August gab es in Daraya eine Demonstration von ungefähr 50 000 Menschen und das, obwohl die Stadt zwei Tage zuvor angegriffen und besetzt worden war und obwohl hunderte von Menschen festgenommen wurden und verschwunden sind. Der Widerstand ist also nicht nur militärisch, und der Träger der militärischen Aktionen ist im Grunde die Zivilbevölkerung.

Sie haben mehrfach für Verhandlungen zwischen der Opposition und Teilen des Regimes plädiert. Halten Sie das noch für eine reale Option?

Ich glaube, dass es nach dem jetzigen Kampf einen Teil des Regimes geben wird, der bereit ist, über eine demokratische Zukunft des Landes zu verhandeln und eine friedliche Lösung zu suchen, zumal wir ja als Opposition die ganze Zeit sagen, dass wir künftig keine politische Richtung ausschließen möchten. Das bedeutet, dass auch die Mitglieder der Baathpartei ihren Platz haben werden und in einem demokratischen System für ihr Programm eintreten können. Wir wollen nicht, dass es so wird wie im Irak, wo die Baathisten keine politische Rolle mehr spielen durften. Wenn sie sich daran beteiligen, eine friedliche und demokratische Lösung für Syrien zu finden, dann werden sie dafür sicherlich belohnt werden.

▶

ten um ihre Existenz fürchten. Diese Propagandamaschine war reflexartig bei den ersten Demonstrationen in Deraa angesprungen und lief sofort hochtourig, selbst als die Demonstranten wie anfangs nur friedlich Reformen forderten. Weiter sagt die Propaganda: »Seht doch, was im Irak mit euren christlichen Brüdern und Schwestern passiert ist. Sie wurden terrorisiert,

Wie sehen Sie in diesem Zusammenhang die Rolle Russlands? Könnte Moskau eine Vermittlerrolle übernehmen?

Wir vom Syrischen Demokratischen Forum haben diesen Vorschlag gemacht, als wir Anfang Juli in Moskau waren. Wir haben damals gesagt, dass Russland als Gegengewicht zum fundamentalistischen Islam mit uns zusammenarbeiten sollte, damit wir unter der Aufsicht Russlands eine Alternative, bestehend aus der Opposition und Teilen der jetzigen Regierung, aufbauen können. Wir haben der russischen Regierung auch zugesagt, dass wir ihre strategischen Interessen akzeptieren und respektieren werden. Wir wollen, dass Russland uns hilft, unsere Unabhängigkeit zu bewahren.

Ich finde, dass Russland im Augenblick eine Politik betreibt, die von A bis Z falsch ist. Das habe ich Außenminister Lawrow auch gesagt. Vielleicht glaubt Russland, dass das syrische Regime siegen wird. Ich begreife nicht, warum sie nicht versuchen zu verstehen, was in Syrien geschieht. Warum sie die Revolution in Ägypten akzeptiert haben, warum sie dort mit den anderen Mächten an einer Lösung gearbeitet haben. Und in Syrien, wo es eine wirkliche Volksbewegung gibt, ist es ganz anders.

Die Freundschaft mit Russland ist Teil unseres patriotischen Erbes, die syrische Bevölkerung hat die US-amerikanische Politik immer abgelehnt. Jetzt ist es aber so, dass es nur eine Beziehung zwischen Moskau und dem Präsidentenpalast in Damaskus gibt. Demgegenüber haben die USA Beziehungen zur syrischen Opposition in der Türkei, zu Teilen der Bevölkerung, selbst zu Kreisen innerhalb des Regimes. Wie will Russland diese Auseinandersetzung gewinnen? Sie werden verlieren.

vertrieben oder ermordet.« Ein solcher Verweis auf den Nachbarn Irak beeindruckt viele Christen in Syrien. Dort hatte es nach dem Einmarsch der Amerikaner Anschlagserien gegen Kirchen und Klöster gegeben. Das Ende der Diktatur Saddam Husseins hatte das Leben der irakischen Christen nicht verbessert, sondern im Gegenteil dramatisch verschlimmert. Die Tä-

Ich wünsche mir, dass die Russen das irgendwann verstehen. Bei der Syrien-Konferenz in Genf Ende Juni (2012) haben sie sich zusammen mit den USA, Frankreich, Großbritannien und China verpflichtet, Syrien beim Übergang zur Demokratie zu helfen. Was tun sie? Das Gegenteil! Sie bewaffnen das Regime, das diese Waffen gegen die eigene Bevölkerung einsetzt.

Welche Rolle spielt der fundamentalistische Islam, vor allem in Bezug auf die Freie Syrische Armee?

Die Menschen, die diese Revolution gemacht haben, sind zum größten Teil Muslime, aber keine Islamisten. Es gibt in dieser Revolution zwei Teile: die moderne Zivilgesellschaft und die traditionelle Gesellschaft. Die moderne Zivilgesellschaft besteht zum größten Teil aus jungen Leuten, die nicht besonders gläubig sind. Die traditionelle Gesellschaft hat bei dieser Revolution nicht deshalb mitgemacht, weil sie einen islamischen Staat wollte, sondern weil sie für Freiheit und Rechtsstaatlichkeit war.
Die staatliche Macht hat ihre Repression auf die moderne Zivilgesellschaft gerichtet und diese beinahe vernichtet. Das hat die traditionelle Gesellschaft gezwungen, sich zu bewaffnen und sich zu radikalisieren. Zunächst gab es keine Islamisten. Jetzt gibt es eine kleine Gruppe von Islamisten, die ziemlich zerstreut ist, aber von Sendern wie Al Jazeera und al-Arabiya in den Mittelpunkt gerückt wird. Die Türkei hat einige Kongresse organisiert und dazu Islamisten aus der ganzen Welt zusammengetrommelt, die in Syrien völlig unbekannt waren und es bis heute sind.

ter: zumeist Al-Qaida-nahe sunnitische Terroristen. Die Folge: ein Massenexodus der irakischen Christen.

Der syrische Menschenrechtsanwalt Michal Shammas, selbst ein Christ, der oft genug wegen seiner Assad-kritischen Haltung im Gefängnis saß, macht den Krieg der USA gegen den Irak verantwortlich für die Angst der Christen in Syrien. Die Besetzung habe zu sunnitischem Terror gegen die irakischen Christen geführt, da die Terroristen sie als Kollaborateure der Besatzer ansahen. So blieb den irakischen Christen nichts anderes übrig als zu fliehen: »Die irakischen Flüchtlinge, die nach

Vor kurzem hat die FSA einen Befehl ausgegeben, dass kein Mitglied der FSA Mitglied in einer Partei sein darf, weder in einer politischen, noch in einer religiösen Partei. Das bedeutet, die Führung der FSA möchte die Islamisten aus ihren Reihen ausschließen. Außerdem hat die FSA jetzt eine Erklärung verabschiedet, nach der Gefangene nicht gefoltert werden dürfen und das Recht auf ein ordentliches Gerichtsverfahren haben.

Aber das Geld fließt letztlich doch aus Saudi Arabien und Katar.

Katar unterstützt die Muslimbrüder und Saudi Arabien die Salafisten. Beide Gruppen sind zerstritten, sehr schwach und isoliert von der Bevölkerung. Wir haben Freunde, die regelmäßig nach Syrien reisen und uns über die Lage vor Ort berichten.
Vor kurzem gab es eine Umfrage in Hama, bei der herausgekommen ist, dass nur 4 % der dortigen Bevölkerung Vertrauen zu den Muslimbrüdern haben. Die islamistische Gefahr wird im Westen sehr aufgebauscht, damit man die notwendigen Alibis hat, um nichts zu tun.

Was sind die Vorstellungen der Opposition für ein Syrien nach Assad – politisch, ökonomisch, sozial?

Nach Assad werden wir eine demokratische Regierung haben, eine Regierung, die ein militärisches Problem hat, ein ökonomisches, ein so-

Syrien flohen und sich dort auf Ortschaften mit christlichen Mehrheiten verteilten, brachten ihre grauenvollen Lebensgeschichten mit und erzählten sie ihren syrischen Nachbarn. So kroch die Angst in die Herzen der syrischen Christen, und sie begannen sich zu fragen, wann ihre Zeit gekommen sei«, schreibt er in einem Aufsatz für das Buch »Syrien – der schwierige Weg in die Freiheit«.

Nach dem Gottesdienst der syrisch-orthodoxen Gemeinde der Mariamia-Kirche erleben wir hautnah, was Michal Shammas in seinem Artikel beschreibt: die Angst der Christen vor

ziales und ein Problem der Definition der syrischen Identität. Es wird entscheidend sein, ob wir diese Probleme schnell im Rahmen einer nationalen Einheit lösen können. Für mich erklärt sich die gegenwärtige Situation dadurch, dass es Kräfte gibt, die ein Interesse daran haben, Syrien zu zerstören. Das sind die USA und Israel. Jetzt zerstört das Regime in Damaskus, das sich immer als Regime des Widerstands gegen Israel dargestellt hat, das eigene Land unter den Augen der Israelis – mit den Waffen, die eigentlich gegen Israel eingesetzt werden sollten. Ich vermute, das Regime glaubt, dass die USA nach dem Ende dieser Zerstörung keine Alternative finden und akzeptieren werden, dass das Regime in ihrer Abhängigkeit bleibt und den Plänen der USA dient.

Syrien ist ein unmittelbares Nachbarland Israels, und es spielte eine zentrale Rolle im Nahostkonflikt. Wenn Syrien zerstört ist, liegt das im strategischen US-amerikanischen und israelischen Interesse. Wenn das Regime sich retten kann, wird das die gesamte demokratische Entwicklung in der Region zurückwerfen. Auch das läge im US-amerikanischen Interesse. Die USA wollen kein demokratisches Syrien, weil sie Angst um die Golfstaaten, das Erdöl und die Petrodollars haben.

politischer Veränderung. Wir bauen uns mit unserer Kamera vor dem Kirchenportal auf, um die Gottesdienstbesucher nach ihrer Meinung zur Lage im Land zu befragen. Rima Youssef, eine junge Christin, die mit ihrer vierjährigen Tochter den Gottesdienst besucht hat, sagt uns ins Mikrofon:

»Wenn wir alle zusammenhalten, dann werden wir gewinnen. Wir wollen das Land nicht verlassen, wir wollen, dass alles so bleibt, wie es war. Wir wünschen nur, dass uns nichts zustößt.«

Und Ajoub Ajoub, ein anderer Kirchgänger, lässt kein gutes Haar an der Opposition, für ihn ist die Verantwortung für die miserable Lage im Land klar:

»Die Terroristen sind schuld an der Misere im Land. Sie alleine tragen die Verantwortung.«

Ganz unbegründet sind solche Sorgen nicht. In Aleppo sind spätestens 2012 die ersten Brigaden nicht-syrischer Djihadisten aufmarschiert, kampferprobte Eiferer aus Ländern wie Irak, Sudan, Libyen und Tschetschenien, die in Christen und Alawiten Ungläubige und Kollaborateure, damit Feinde, sehen. Auch die Hetzparole der Islamistenkämpfer: »Die Alawiten in den Sarg, die Christen in den Libanon« hat sich bis nach Bab Tuma in Damaskus herumgesprochen. Der Propagandaapparat des Regimes greift solche Drohgebärden natürlich gerne auf, bauscht diese auf und schlachtet sie aus.

Für die Gläubigen bekommen solche Gottesdienste, wie wir ihn erlebt haben, eine ganz neue Funktion in Zeiten der Krise. Sie sind Kraftquellen und sollen den Durchhaltewillen stärken: »Standhalten, nicht fliehen«, hatte auch der griechisch-orthodoxe Bischof Esaat Barakat in seiner Predigt gefordert, die Auswanderung könne nur das letzte Mittel sein, wenn akute Lebensgefahr drohe. Nach den Interviews mit seinen Gläubigen treffen wir ihn noch in der Sakristei. Er ist auf die westliche Presse offensichtlich nicht gut zu sprechen. Vielleicht geht sie ihm zu kritisch mit Assad um. Erst nach längerem Zögern ist er bereit, etwas in das Mikrofon zu sagen:

»Die Gläubigen rücken enger zusammen und scharen sich um ihren Bischof. Das ist gut so; denn was unsere Zukunft in Syrien angeht, weiß keiner, wie sie aussieht. Außer Gott. Unsere Lage wird immer schlimmer. Von Tag zu Tag. Wir beten, dass es sich wieder zum Guten wendet.«

Solche Ängste, wie sie unter den Christen verbreitet sind, haben auch andere religiöse Minderheiten in Syrien. Die Drusen zum Beispiel oder die noch kleinere Gemeinschaft der Schiiten, die von fanatischen Sunniten als vom rechten Glauben abgefallene Muslime angesehen werden.

Am Nachmittag fahren wir von Damaskus nach Maaloula, ein kleines christliches Dorf, das malerisch am Fuß des Qalamun-Gebirges nahe der libanesischen Grenze liegt. Die Menschen behaupten hier, sie sprächen noch die Sprache, in der Jesus gepredigt habe, nämlich aramäisch. Weit über dem Dorf thronen gut sichtbar mehrere Klosteranlagen. Mönche und Nonnen haben sie in die schützenden Felsschluchten gebaut, darunter das Nonnenkloster Mar Thekla mit der Grotte und dem Grab der Heiligen Thekla. Die Kirche des Klosters soll aus dem 1. nachchristlichen Jahrhundert stammen. Damit stünde in den Schluchten der Qalamunberge das älteste Gotteshaus der Christenheit. Ohnehin sind die Christen die älteste Religionsgruppe Syriens, einmal abgesehen von den wenigen Juden, die es im Herrschaftsbereich Assads noch gibt. Saulus wurde hier vor zweitausend Jahren zu Paulus. Der Schrein Johannes des Täufers, in dem angeblich sein Kopf aufbewahrt wird, steht in der Gebetshalle der Omayyadenmoschee von Damaskus, als Heiligtum verehrt von Muslimen wie von Christen.

Maaloula war zu Friedenszeiten ein Sehnsuchtsort frommer Christen, auch Sunniten pilgern hierher. Nun, seit Ausbruch der Krieges, ist es ein Ort der Angst. Angst bei den christlichen Dorfbewohnern, Angst bei den Nonnen, Angst bei den Waisenkindern, die sie betreuen. Wir treffen die Mädchen während eines Gottesdienstes, sie sind gekleidet in steif gebügelte Schuluniformen, streng bewacht von der Äbtissin, die, kaum ist die Andacht vorbei, mit einer knappen Geste ihre Schützlinge in ihre Unterkunft schickt. Sprechen dürfen wir mit den Mädchen nicht. Auskunft geben übernimmt Äbtissin Pelajia Sajaf selbst.

Diese permanente Angst – davon spricht sie als erstes, als wir mit ihr in einem Aufenthaltsraum alleine sind. Die Wände sind mit großen Porträts griechisch-orthodoxer Patriarchen geschmückt. Sie schauen alle würdevoll und streng auf uns herab. Neben dieser Galerie der Kirchenobersten hängt als größte Fotografie das Porträt des Präsidenten. Mit den Assads, also auch mit dem Vater, hätten sich alle Patriarchen immer gut verstanden, erzählt uns die Äbtissin stolz, als sie uns jedes Porträt einzeln erklärt. Geradezu in Verzücken gerät sie beim Anblick des Bildes von Bashar al-Assad:

»Er ist ein Arzt. Er will niemanden töten. Er ist ein ganz besonderer Mensch«. Die Augen der im Kloster alt gewordenen Frau leuchten wie die junger Mädchen beim Anblick ihres Popidols.

Um ihre Leidenschaft für ihn zu beweisen führt sie uns zu einer weiteren gerahmten Fotografie. Sie zeigt, wie der Präsident und seine Gattin zusammen mit den Waisenkindern des Klosters essen. Aufgenommen Ostern 2012. Völlig aus dem Häuschen flüstert die Äbtissin, als könne sie es immer noch nicht glauben:

»Sie haben uns besucht und mit uns gegessen«.

Ein Propagandatrick, um sich der Loyalität der Christen zu versichern? Wie erklärt sie sich den Krieg in Syrien, der ihr, ihren Nonnen und den Waisenkindern so viel Angst macht:

»Es ist das Geld, das Ölgeld. Katar und Saudi Arabien stecken dahinter, die sind die Bösen, wer sonst noch, weiß ich nicht.

Wir haben Angst vor der Zukunft. Wenn es so weitergeht, dann habe ich Angst um uns Christen. Al-Qaida und die Muslimbrüder, das sind unsere Feinde.«

Genauso verkündet es auch die syrische Propaganda. Und die Djihadisten gießen regelmäßig Öl in dieses religiöse Feuer und heizen den Hass zwischen den Konfessionen an.

Ein Jahr nach diesem Besuch werden die schlimmsten Befürchtungen der Äbtissin wahr. Schwer bewaffnete Kämpfer der Al-Qaida nahen Al Nusra-Front rückten in das Dorf ein, besetzten die Klöster und postierten Scharfschützen auf Kirchtürmen. Von den Kuppeln einiger Klöster Maalulas rissen sie die Kreuze.

»Das ist eine Kriegserklärung«, kommentiert ein Priester, der aus dem umkämpften Dorf fliehen konnte zusammen mit den 300 Dorfbewohnern. Mit Internetvideos versuchen die Aufständischen zu beweisen, dass sie die Religion achten. Auf einem ist ein Kommandant zu sehen, der seine Kämpfer anweist, die christlichen Bewohner nicht zu behelligen. Im Nonnenkloster Mar Tekla habe es nur zerbrochene Fensterscheiben gegeben, meldet Mutter Pelagia in einem Telefongespräch mit einem Zeitungsreporter:

»Unter den Kämpfern sind Muslime, die mit saudischem Akzent sprechen, andere verstehen überhaupt kein arabisch.« Und dann fügt sie resigniert hinzu:

»Wenn Maalula überlebt, dann nur durch ein Wunder. Das Dorf ist leer, es gibt hier keine Bewohner mehr. Es ist eine Geisterstadt.« Eine fast 2 000 Jahre alte christliche Geschichte droht hier zu Ende zu gehen.

Der syrische Alleinherrscher müsste diesen Kampf um den kleinen Wallfahrtsort fast wie ein Geschenk des Himmels ansehen, kann er doch so dem christlichen Abendland das angeblich wahre Gesicht dieser »Terroristen« zeigen, wie er die Protestierenden von Anfang an beschimpft hatte. Seine Botschaft: Diese Islamisten bedrohen die christliche Minderheit Syriens, die er immer geachtet und beschützt habe. Tatsächlich war es den Aufständischen nie gelungen eine bedeutende Anzahl von Christen zu überzeugen und auf ihre Seiten zu ziehen. Viele christliche Würdenträger hatten sich ohnehin von Anfang an auf Assads Seite geschlagen.

Zum Beispiel der Patriarch der Maroniten im Libanon, Kardinal Béchara Pierre Raï. Er hatte am 10. Februar 2013 bei einem Besuch in Damaskus von der Kanzel der griechisch-orthodoxen Kirche ›Zum heiligen Kreuz‹ gewettert:

»Nichts rechtfertigt dieses Blutvergießen, alles was im Namen der sogenannten Reformen oder Menschenrechte gefordert wird, ist es nicht wert, dass das Blut von Unschuldigen vergossen wird.«

Diese Strafpredigt, die die gesamte syrische Opposition verdammte, wurde im syrischen Staatsfernsehen live übertragen. Die Gewalt des syrischen Staats gegen die Demonstranten erwähnte der Kardinal allerdings mit keinem Wort. Schon früher hatte er vor den Folgen eines Sturzes des syrischen Präsidenten gewarnt. Die Muslimbrüder würden die Macht im Land übernehmen, das sei das Ende der Christenheit nicht nur in Syrien, sondern im ganzen Orient. Die Prophezeiung des Kirchenfürsten scheint sich immer mehr selbst zu erfüllen. Djihadisten sorgen inzwischen dafür, dass sich Assad am Ende bestätigt sieht.

Er ist nicht der einzige Kirchenführer, der sein Heil in der Nähe des Assad-Regimes sucht. Auf einer Tagung der evangelischen Akademie in Loccum in Niedersachsen hatte auch der Patriarch der mit Rom unierten melkitisch-katholischen Kirche, Erzbischof Gregorios III Laham, Alarm geschlagen:

»Die Christen haben vor der Regierung keine Angst, auch wenn sie natürlich die Macht der Geheimdienste kennen. Sie haben Angst vor der unklaren Zukunft. Die Gegner haben kein Gesicht, wir wissen nicht, wo die Kämpfe hinführen. Die Regierung kennen wir und wissen, wie wir mit ihr umgehen müssen.«

Von großer Angst in seiner kleinen armenischen Gemeinde sprach am Rande der Veranstaltung in der renommierten Akademie auch Bischof Armash Nalbandian: »Wir haben Angst, zwischen den Fronten zerrieben zu werden. Wir können nach zwei Jahren Krieg nicht das politische Ziel dieser sogenannten Opposition erkennen. Was für ein neues Syrien wollen sie? Welche Rolle sollen ihrer Vorstellung nach die Christen in diesem neuen Syrien spielen? Wir wissen es nicht.«

Ganz anders Michal Shammas, der für das Regime so unbequeme Menschenrechtler. In seiner Grußbotschaft an die Veranstalter gab er den Zweiflern unter den anwesenden Bischöfen eine Antwort auf deren Frage, was will eigentliche diese Opposition:

»Wir glauben an ein Syrien, in dem alle Gruppen Platz haben. Wir von der syrischen nationalen Opposition wollen ein pluralistisches Syrien ohne Einmischung von außen. Wir lehnen Konfessionalismus ab. Wir glauben an ein Syrien, das über die engen Gruppeninteressen hinausgeht.«

Wie sich allerdings seine Vorstellung von dem neuen demokratischen und liberalen Syrien mit dem Aufmarsch der Djihadisten vereinbaren lässt, konnte er auch nicht beantworten. Von der evangelischen Akademie war er zwar eingeladen worden und hatte auch zugesagt. Von Damaskus hatte er sogar eine Ausreiseerlaubnis bekommen. Er musste über Paris nach Deutschland einreisen. Die Deutsche Botschaft in Beirut stellte ihm aber kein Schengenvisum aus; er konnte daher nicht über Frankreich einreisen.

Wäre er gekommen, dann hätte er den versammelten Bischöfen möglicherweise die Leviten gelesen. In seinem Aufsatz beschreibt er eindringlich seine Enttäuschung über diese Kirchenfunktionäre. Sie hätten versagt, klagt er sie an. Sie hätten zwar ihre religiösen Pflichten erfüllt, mehr aber auch nicht:

»Ob freiwillig oder erzwungen – die Christen enthielten sich der Beteiligung an Kunst, Kultur, Wirtschaft und Politik. Stattdessen zogen sie sich auf sich selbst zurück und ergaben sich in ein Leben unter der Diktatur. Nur eine kleine Minderheit nahm es auf sich, sich der Willkürherrschaft zu widersetzen. Sie bezahlten dafür einen enorm hohen Preis.«

Michal Shammas weiß natürlich auch, dass sich nicht alle Christen der Opposition verweigert haben. Viele hatten sich in den letzten Jahrzehnten gegen Assad ausgesprochen, hatten protestiert und für mehr Demokratie demonstriert. Dafür mussten sie als politische Gefangene büßen und Folter und Gefängnis erleiden. Oppositionelle wie Michel Kilo gleich mehrmals, unter anderem, weil er 2005 in der sogenannten »Damaskus-Erklärung« friedliche und schrittweise Reformen in Syrien eingefordert hatte. Nichts anderes hatte sein Gegner Baschar al-Assad immer versprochen. Im Februar 2012 gründete Kilo zusammen mit anderen prominenten Dissidenten das ›Syrische Demokratische Forum‹, das sich für demokratischen Wandel ohne Intervention von außen einsetzt. Oder George Sabra, ein ehemaliger Kommunist, der heute Mitglied in der Führung der Exil-Opposition ›Syrische Nationalkoalition‹ ist. Oder Anwar al-Bounni, den ich in Damaskus als vom Regime gebrochenen Mann erlebt habe. Rund um die Uhr wird die Familie dieses mutigen Menschenrechtsanwalts vom Geheimdienst überwacht. Schlägertrupps haben ihn auch mehrfach überfallen und zusammengeschlagen. 2007 war er von einem Gericht in Damaskus zu fünf Jahren Gefängnis verurteilt worden, die er unter miserablen Bedingungen in einem Wüstengefängnis absitzen musste. In winzigen Zellen, die mit dreißig Häftlingen belegt waren, darunter Mörder und Schlägertypen. Der Grund:

angebliche Verbreitung von Falschmeldungen über das Regime. Die fünf Jahre musste er voll absitzen. Erst im Mai 2011 kam er wieder frei.

Gemeinsam ist diesen Oppositionspolitikern, dass sie jede militärische Intervention von außen ablehnen, dass sie noch immer daran glauben, die Syrer können ihre Probleme selbst lösen. Gemeinsam ist ihnen aber auch, dass sie nicht als Christen auftreten, sondern als Syrer christlichen Glaubens, die mit Muslimen genauso zusammenarbeiten wie mit oppositionellen Alawiten. Religion spielt für sie politisch keine Rolle.

War es in den ersten fünfzehn Monaten der Auseinandersetzungen ruhig geblieben in Bab Tuma, dem christlichen Stadtviertel in Damaskus, änderte sich das schlagartig am 21. Oktober 2012, einem Sonntag. Um elf Uhr morgens explodierte in der Nähe des alten Stadttors eine Autobombe. Ziel war vermutlich eine nahe Polizeistation. Dreizehn Menschen starben, 29 wurden zum Teil schwer verletzt. Die meisten Opfer waren syrische Christen, viele nach dem Kirchenbesuch gerade auf dem Nachhauseweg zum Mittagessen. Glück im Unglück, dass der Platz bei dem Stadttor nicht so stark besucht war wie sonst an Sonntagen. Es gibt dort beliebte Straßencafés, die an Feiertagen regelmäßig überfüllt sind. An jenem Morgen des 21. Oktober saßen nur wenige Besucher in den bunten Sesseln, tranken Kaffee und rauchten ihre Wasserpfeife. Vermutlich weil es in den Tagen zuvor Gerüchte unter den Christen gegeben hatte, es könne in ihrem Viertel zu einem Anschlag kommen. Mit dem 21. Oktober 2012 aber war der Krieg dann tatsächlich und endgültig vor den Toren der syrischen Christen angekommen. Wer die Autobombe gezündet hat, ist unklar. Ein Bekennerschreiben gibt es bis heute nicht.

ALEPPO, Rebellenland, KARFREITAG 2013

Am nächsten Morgen ist Karfreitag, zumindest für zwei im Team, für meinen Freund, den Radioreporter Martin Durm, und für mich. Die Muslime feiern einen ganz normalen Feiertag mit Moscheebesuch und großer Predigt. In Aleppo sind wir mit einem Kommandanten der Freien Syrischen Armee verabredet, also einem jener Militärführer, auf die der Westen setzt. Außerdem wollen wir Verbandsmaterial in einem Krankenhaus abgeben. Es ist der letzte Tag unserer Drehreise in Nordsyrien.

Syriens Chemiewaffen

Nach Schätzung von Ahmet Üzümcü, General- Direktor der internati-onal anerkannten Organisation für das Verbot chemischer Waffen (OVCW), zufolge enthält das syrische Chemiewaffenarsenal 500 bis 1 000 Tonnen Senfgas, die Nervengase Sarin und Tabun sowie begrenzte Mengen des extrem giftigen VX-Kampfstoffs. Hauptsächliche Lagerstätten liegen vermutlich wenige Kilometer südlich der Stadt Homs und östlich von Damaskus, aber auch nahe Hama und bei dem Dörfchen al-Safira in der Region Aleppo.

Sarin und andere Nervengase gelten als besonders gefährlich. Sie lö-sen bei ihren Opfern laut der Organisation zum Verbot chemischer Waffen (OPCW) «eine schnelle Lähmung der Nervenzellen im ganzen Körper aus. Falls die Lähmung nicht sofort behandelt wird, folgt der schnelle Tod. Andere Chemiewaffen greifen die Atemwege, die Haut und das Blut an. Die überlebenden Opfer sind häufig entstellt und lei-den jahrzehntelang unter gesundheitlichen Schäden. Zudem lösen C-Waffen Traumata und andere schwere psychische Qualen aus.

Als potenzielle Trägermittel stünden etwa 250 moderne nordkoreani-sche Scud-Mittelstreckenraketen bereit. Chemiewaffen werden auch

Am Abend wollen wir wieder in der Türkei sein, am nächsten Tag dann in den Libanon fliegen.

Es ist der erste sonnige Tag in dieser sonst so diesig-grauen und kalt-regnerischen Woche. Ein Frühlingstag wie aus dem Bilderbuch. Blauer Himmel, weite Sicht. Ein Tag zum Durchatmen. Nur Anwar, unseren Begleiter, kann sich nicht über die freundliche Stimmung freuen. Immer wieder schaut er in die Luft und sucht den Himmel ab. Der Sonnenschein ist für ihn offensichtlich ein Grund, eher noch beunruhigter zu sein als sonst schon. »Es ist gutes Flugwetter«, erklärt er uns. Jetzt ver-

von Artillerie und Flugzeugen verschossen. Das tödliche Gas wird beim Aufschlag oder durch gezielte Explosion freigesetzt.

Der mögliche Einsatz der gefürchteten Waffen durch Syriens Armee sei »sehr beängstigend« warnt auch Ahmet Üzümcü, der Generaldirektor der Organisation für das Verbot von Chemiewaffen (OPCW). Die OPCW in Den Haag überwacht die Einhaltung der Chemiewaffenkonvention, die am 3. September 1997. Das Abkommen verbietet die Entwicklung, die Produktion, die Lagerung, die Weitergabe und den Einsatz chemischer Waffen.

188 Vertragsstaaten traten der Konvention bei. Syrien gehört nicht dazu, ebensowenig Ägypten und der Iran. Dennoch stellt OPCW-Chef Üzümcü klar: »Syrien ist Vertragsstaat des Genfer Protokolls von 1925, das den Einsatz chemischer und biologischer Waffen verbietet. Das Assad-Regime dürfe also unter keinen Umständen auf die gefürchteten Waffen zurückgreifen.«

epd-Service 30.8.2012

stehen wir. Er hat Sorge, Kampfflugzeuge Assads oder dessen Hubschrauber könnten plötzlich auftauchen.

Wir sind mit Oberst Abdul Jabara Aqaidi verabredet, dem Chef des nördlichen Militärrats, also verantwortlich für die Kämpfer der Freien Syrischen Armee in Aleppo. Anfang 2012 hatte er die Seite gewechselt und kommandiert jetzt, so behauptet er, die Kämpfer im Norden Syrien. Wie viele es sind, will er uns nicht verraten. Nur so viel: insgesamt 40 000 Bewaffnete stünden im Sold der FSA in ganz Syrien. Im Vorraum zu seinem Büro lungern ein paar Wächter mit ihren Kalaschnikows herum, der eine putzt seine Waffe, andere spielen Karten, alle rauchen und trinken Tee. An der Wand ein großer Monitor, auf den Überwachungskameras ihre Bilder senden: leere Straßen, der Eingang zum Haus ohne Wachposten, auch auf dem Platz vor der Kommandantur kein Mensch unterwegs. Schließlich ist es Freitagvormittag, und da schläft man gerne etwas länger, auch mitten im Krieg. Die Wachen scheinen sich sicher zu fühlen. Auch wir werden kaum kontrolliert, obwohl dieses Haus ein hochsensibler Ort der Freien Syrischen Armee ist. Hier laufen die Kommandofäden zusammen. Hier fallen Entscheidungen, ob und wo angegriffen wird. Hier sollte das Gehirn der FSA in Aleppo sein.

Als der Oberst mit einer halben Stunde Verspätung endlich kommt, bringt er beunruhigende Nachrichten mit: »Es sind feindliche Kampfflugzeuge in der Luft.«

Dann bittet er uns in seinen großen Arbeitsraum mit wuchtigem Schreibtisch, mit an der Wand aufgestellten Stühlen und einer Projektionsleinwand. Der Oberst ist ein einsamer Mann an diesem Tag. Keine erschöpften Melder mit guten oder schlechten Nachrichten von der Front, keine aufgeregten Offiziere bei der Analyse der militärischen Lage, keine geräuschlosen Ordonanzen mit zuckersüßem Tee. Der Oberst ist allein in einem großen Haus, das jederzeit aus der Luft bombardiert werden kann. Und hier soll der Sieg der Freien Syrischen Armee vorbereitet werden?

Aqaidi mehr zynisch als verzweifelt: »Natürlich werden wir gewinnen.«

»Nur wann und wie?«

»Keine Ahnung. Daran ist der Westen Schuld. Ihr lasst uns im Stich. Keine Waffen, keine Ausrüstung. Ihr lasst uns verbluten.«

Das ist die Kernbotschaft dieses Gesprächs mit dem FSA-Oberst: Der Westen schickt keine Waffen, er lässt uns im Stich, deswegen stürben so viele Aufständische und auch deswegen radikalisierten sie sich. Tatsächlich laufen immer mehr seiner Soldaten zu Djihadistenbrigaden über. Dort verdienen sie mehr, dort bekommen sie die besseren Waffen, außerdem bietet ihnen Religion ein einfaches aber konkretes Weltbild vom Gottesstaat und nicht abstrakte Vorstellungen von Demokratie. Wer im Heiligen Krieg stirbt, wird als Märtyrer verehrt und kommt ins Paradies mit allen Vorzügen. Die Enttäuschung über die Untätigkeit des Westens steht dem Oberst ins Gesicht geschrieben. Fast trotzig erklärt er, seine Freie Syrische Armee arbeite eng mit der Al-Qaida-nahen Al-Nusra-Front zusammen:

»Das sind unsere Partner. Wir sehen sie anders als ihr im Westen. Für uns sind sie keine Terroristen! Auch sie wollen schließlich Assad besiegen.«

Wie aber will er den Westen überzeugen, dass diese Waffen nicht bei diesen fragwürdigen Partnern landen, schließlich haben die USA diese Gruppen als Terroristen eingestuft, oder bei gar anderen Djihadistengruppen, die vielleicht noch gefährlicher sind?

»Das garantiere ich«, ruft der Oberst, »das unterschreibe ich! Ich habe das versprochen, bei meinem Ehrenwort, aber es gab bisher keine Reaktion.«

Der Oberst ist so sauer, dass er anfängt laut zu werden. Er kann und will nicht verstehen, dass den Regierungen in London, Paris oder Washington sein Autogramm und sein Ehrenwort nicht wirklich ausreichen, um schnellere Waffenlieferungen zu veranlassen, auch wenn sich ohne diese modernen Waffen im Augenblick der Fortschritt der Rebellen in Aleppo nur in Metern messen lässt. Die Eroberung einer Moschee gilt schon als Erfolgsmeldung in diesem blutigen Stellungskrieg und der Verlust einer Seitenstraße als bittere Niederlage. Im Sommer 2013 dauert dieser Kampf um die größte Stadt Syriens schon ein Jahr. Die historische Altstadt ist von Djihadisten besetzt, viele oft mehrere hundert Jahre alte Häuser sind zerstört, der Basar liegt in Trümmern, ein Weltkulturerbe ist ausgebrannt.

Ein paar Monate nach diesem Gespräch liefern sich Einheiten der Freien Syrischen Armee und der Brigade ›Islamischer Staat im Irak und in Syrien‹ in Idlib erbitterte Straßenkämpfe. Es geht um die Kontrolle von Stadtteilen und Straßenkreuzungen. Über dreißig FSA-Kämpfer sterben. Einen gefangenen FSA-Kommandanten schlachten die aus dem Irak stammenden sunnitischen Extremisten regelrecht ab. Sie schneiden ihm die Kehle durch, berichtet der libanesische Daily Star. Auch in Aleppo brechen solche Kämpfe aus. In der Nähe von Latakia ermorden sunnitische Extremisten den führenden FSA-Kommandanten Kamal Hamami. Er hatte sie im Vertrauen auf das zugesagte freie Geleit besuchen wollen, um zwischen den Djihadisten und der FSA zu vermitteln. Statt seine Vorschläge anzuhören, erschossen sie Hamami, der auch Mitglied im Hohen Militärrat der FSA war. »Dies ist eine Kriegserklärung«, verkündete ein Sprecher dieses Militärrats, der sich als Oberkommando der Freien Syrischen Armee versteht. In den Brigaden dieser selbsternannten Gotteskrieger kämpfen Saudis, Iraker, Libyer, Ägypter, Tunesier, auch Kämpfer aus Tschetschenien sind gesichtet worden, gelegentlich sogar Deutsche. Um die siebzig Islamisten aus Deutschland sollen es Mitte 2013 laut Verfassungsschutz sein. Sie alle kämpfen für einen Gottesstaat und haben Gebiete, die sie kontrollieren, zu

Emiraten erklärt, in denen sie unumschränkt herrschen nach den Gesetzen der Scharia. Widerstand, den die Bevölkerung solcher »Zwangsemirate« gegen diese Schreckensherrschaft im Namen Gottes leistet, schlagen sie blutig nieder. Der Krieg im Krieg hat spätestens Mitte 2013 begonnen.

Nach einer guten Stunde Gespräch Verabschiedung von dem FSA-Oberst Abdul Jabara Aqaidi, einem freundlichen Mann in den Fünfzigern. Bis zur Tür begleitet er uns:

»Passt auf, wo ihr hinfahrt. Es sind Flugzeuge in der Luft«, wiederholt er seine Warnung und deutet mit dem Zeigefinger zum Himmel. Dann fahren wir los. Unser Ziel ein Krankenhaus. Danach Türkei.

Dann verirrt sich Anwar in den Gassen von Aleppo. Unseren Bus lotst er durch einen auch ihm augenscheinlich nicht vertrauten Stadtteil. Wir geraten immer näher an die umkämpfte Altstadt. Dann das Bab al Hadid, eines der Tore zur Altstadt, eine wuchtige Torburg, davor zwei offensichtlich unbeschädigte Telefonhäuschen. Die Straßen von Trümmern übersät, menschenleer. Gespenstisch leer. Dann ruft einer im Bus panisch: »Wir sind falsch hier. Wir müssen weg.« Auf der Straße eindeutige Zeichen – das ist Scharfschützenland! Amar, der Fahrer, muss den Bus wenden, versucht Gas zu geben. Zu spät. Der erste Schuss. Er verletzt niemanden. Dann der zweite. Er trifft. Meinen Arm, meinen Bauch.

3   Syrien ist nicht Libyen!

»Kein Frieden ohne Syrien, kein Krieg ohne Ägypten.« Der Spruch ist alt, soll aber sagen, dass Syrien schon immer eines der Schlüsselländer des Nahen Ostens war, eine geographische und politische Zentralmacht, in der fast alle Konfliktlinien des Nahen und Mittleren Ostens zusammenlaufen, aufeinanderstoßen, sich oft genug aneinander reiben, was aber in der Vergangenheit selten zu einem gefährlichen Funkenflug geführt hatte. Bisher zumindest. Verglichen mit Syrien führte Libyen immer eine Randexistenz im Nahen Osten. Auch deswegen konnte die NATO in den Bürgerkrieg in Libyen eingreifen. Die Situation in Syrien ist weitaus komplizierter und komplexer.

Syrien als Brennpunkt im Nahen Osten: die Konflikte in der Übersicht:

Israel – der beste Feind

Die Grenze mit Israel: Beide Länder befinden sich offiziell noch immer im Kriegszustand. Gleichwohl wurde die von UNO-Blauhelmen kontrollierte Waffenstillstandslinie auf den Golanhöhen, die Israel 1981 annektierte, von den Machthabern in Damaskus weitestgehend respektiert, auch wenn Israel keine Anstalten macht, dieses besetzte Gebiet zurückzugeben. Alle Verhandlungen über einen Friedensvertrag mit Syrien sind bislang gescheitert. Syrien fordert verständlicherweise die Rückgabe des ganzen von Israel im Sechstagekrieg eroberten Golan. Für jede syrische Regierung ist dies eine Frage der nationalen Ehre. Oft ging es nur um die Rückgabe von wenigen Quadratkilometern am See Genezareth, über die man sich nicht hatte einigen können. Für Israel bedeutet der Golan Land, Wasser, aber auch Sicherheit. Gerade jetzt ist das Thema Sicherheit durch den Golan virulent, da heute noch niemand sagen kann, wie der immer mehr im Chaos versinkende Nachbar in ein paar Jahren aussehen wird. Gescheitert waren zuletzt auch die von der Türkei vermittelten, indirekten Gespräche. Dennoch war die Grenze zwischen Syrien und Israel mit die friedlichste und sicherste. Syrien war Israels bester Feind. Bis zum 15. Mai 2011.

Damals ließ Baschar al-Assad kurz aber heftig die Muskeln spielen. Eine Drohgebärde in Richtung Israel. Am Gründungstag Israels schickte der syrische Präsident ein paar hundert palästinensische Jugendliche auf die Golanhöhen und ließ sie am Stacheldraht, der Syrien von Israel trennt, demonstrieren. Palästinenser begehen diesen Tag als ›Nakba-Tag‹, als »Tag der Katastrophe«. Mit Drahtscheren versuchten sie den Grenzzaun zu durchschneiden, das war offensichtlich ihr Auftrag. Die israelischen Grenzsoldaten feuerten zunächst Warnschüsse ab, dann schossen sie gezielt auf die Demonstranten. 10 junge Palästinenser starben, über die Zahl der Verletzten gibt es nur sehr voneinander abweichende Angaben. Auch im Südlibanon stürmten zur gleichen Zeit palästinensische Jugendliche die Grenze. Auch hier gab es Tote und Verletzte. Die gleiche Szene wiederholte sich drei Wochen später am 5. Juni, jenem Tag also, an dem sich der Beginn des Sechstagekrieges 2011 zum 44. Mal jährte. Wieder starben palästinensische Jugendliche beim Versuch, den israelisch-syrischen Zaun zu durchbrechen. Diesmal elf.

Warum dieser widersinnige Sturm auf die Grenze des verhassten Feinds? Warum der mutwillige Bruch des Waffenstillstands? Warum wurden die jungen Menschen in den sicheren Tod geschickt? Denn es war ja absehbar, dass die israelischen Grenzposten bei einer Grenzverletzung scharf schießen werden. Eines steht fest: Der Angriff war alles andere als die spontane Demonstration empörter Jungpalästinenser. Niemand fährt mit Bussen auf den syrischen Teil des Golan ohne ausdrückliche Erlaubnis des syrischen Geheimdiensts. Im Libanon geschieht so etwas genauso wenig spontan wie in Syrien. Die britische Zeitung *The Guardian* ermittelte im Mai 2011, dass die libanesische Hisbollah den Jugendlichen fünfzig Dollar für den Sturm und noch einmal 900 Dollar bezahlt hatte, wenn sie durch israelische Schüsse verletzt wurden. Diese Attacken waren vom syrischen Regime geplant, offensichtlich gedacht als Warnung, Warnung an Israel, aber auch als Warnung an den Westen: »Wir sind in der Lage, euren engsten Verbündeten schnell in diesen Konflikt mit einzubeziehen. Und wir scheuen dafür auch keine Menschenopfer.« Das sollten die Attacken signalisieren.

Mit der Ruhe an der ruhigsten Waffenstillstandsfront war es damit erst einmal vorbei. Israel stationierte zusätzliche Truppen auf dem Golan und bereitete sich auf einen nicht auszuschließenden Angriff Syriens mit Giftgas vor. Das Land soll den größten Vorrat an Chemiewaffen aller Länder des Nahen Ostens besitzen, gewissermaßen als Ausgleich zur israelischen Atombombe, so argumentieren zumindest die syrischen Strategen in Damaskus. Westliche Geheimdienste sahen im Frühjahr 2013 zwar keine unmittelbare Gefahr, doch können sie nicht ausschließen, dass das Assad-Regime diese Waffen im letzten Augenblick noch einsetzt, während seines Todeskampfs sozusagen. Oder es die Chemiewaffen der Hisbollah übergibt, die ja ohnehin für Israel eine ständige Bedrohung darstellt. Im Januar 2013 griffen israelische Kampfflugzeuge einen syrischen Waffenkonvoi an, der angeblich für die Hisbollah bestimmt war. Damaskus allerdings behauptete, die Kampfflugzeuge hätten ein militärisches Forschungszentrum zerstört und dabei zwei Arbeiter getötet. Im Mai 2013 wiederholt sich der Vorfall, gleichzeitig zerstören israelische Kampfflugzeuge ein militärisches Forschungslabor. Syrien und der Iran drohen Vergeltungsschläge an. Russland kündigt an, hoch entwickelte Flugabwehr- und Antischiffsraketen zu liefern. Wenn das geschehe, sei eine rote Linie überschritten, droht Israel.

Die Eskalation ist da und schaukelt sich immer schneller hoch. Im Juli kommt es nach Berichten von CNN zum nächsten israelischen Angriff auf syrische Militäreinrichtungen. Nach diesen wie üblich von Israel nicht bestätigten Informationen haben am 5. Juli 2013 israelische Raketen ein Munitionsdepot bei Latakia zerstört. Dort sollen russische Antischiffsgeschosse vom Typ Jachont gelagert gewesen sein, die eine Reichweite von 300 Kilometern haben. Mit solchen Raketen können von Land aus Schiffe oder Bohrinseln angegriffen und zerstört werden. Solche Raketen in den Händen der Hisbollah sind für Israels Generäle ein ähnlicher Albtraum wie die Vorstellung, die schiitischen Erzfeinde Israels seien im Besitz von Chemiewaffen. Gleichzeitig radikalisiert sich aber auch die sunnitische Rebellenseite. Djihadisten übernehmen die Kontrolle über immer mehr von den Aufständischen kontrollierte Gebiete im Norden Syriens. Deren Hass auf den jüdischen Staat Israel unterscheidet sich nicht im Geringsten von dem Hass der schiitischen Hisbollah. Mit anderen Worten: Israel hat am Ende dieses Konflikts höchstens die Wahl zwischen Pest und Cholera.

USA – der zaudernde Riese

Die Angst Israels vor den syrischen Chemiewaffen mag auch mit dazu geführt haben, dass der Präsident der Vereinigten Staaten, Barack Obama, Mitte Juni 2013 seinen Tanz auf der von ihm selbst formulierten roten Linie beendete. Meldungen, dass Assad Chemiewaffen eingesetzt haben soll, gab es schon seit dem Frühjahr 2013. Nicht nur von den Rebellen, auch israelische Generäle, Franzosen und Engländer glaubten sichere Beweise in ihren Labors gefunden zu haben. Doch Obama zögerte; denn im August 2012 hatte er sich eindeutig auf eine rote Linie festgelegt und als Chemiewaffendoktrin der USA verkündet:

»Ich habe bis jetzt kein militärisches Eingreifen angeordnet. Aber für uns ist eine rote Linie überschritten, wenn eine ganze Menge chemischer Waffen bewegt oder eingesetzt wird. Das würde meine Kalkulation ändern.«

Er machte sich mit diesem Dogma zum Gefangenen seiner eigenen Politik. Wenn der Fall eintreten sollte, muss er dann nicht die US-Streitkräfte in einen neuen Krieg schicken, und das nach dem Rückzug aus dem Irak und dem angekündigten Rückzug aus Afghanistan? Die kriegsmüden Amerikaner würden ihm das nicht verzeihen. Obama hatte offensichtlich gehofft, mit seiner Drohung Assad abschrecken zu können. Doch der riskierte ein anderes Spiel. 2013 mehrten sich die Hinweise: Assad habe tatsächlich Chemiewaffen eingesetzt, wenn auch nur in kleinen Mengen. Laut *New Yorker* analysierte der ehemalige Geheimdienstoffizier Joseph Holliday, der den Konflikt für das *Institute for the Study of War* beobachtet, Assads Strategie folgendermaßen:

»Erst setzt er Artillerie ein, dann Bombardierung aus der Luft, schließlich Scud-Raketen. Chemiewaffen benutzt er Schritt für Schritt, damit wir uns an sie gewöhnen.«

Muss Obama nun seine Drohung wahrmachen, um diesem Gewöhnungsprozess vorzubeugen und Schlimmeres zu verhüten? Verlassen kann er seine Linie nun nicht mehr, es sei denn, um den Preis seiner Glaubwürdigkeit. Also militärisch antworten und damit ein neues Desaster im Nahen Osten riskieren? Vielleicht sogar einen zweiten Irak? Auf keinen Fall! Daher erst einmal hinausschieben und abwarten, lieber kurz vor aller Weltöffentlichkeit auf dieser dünnen roten Linie tanzen als sich in ein unberechenbares Abenteuer stürzen. Das war die erste Reaktion Obamas.

Zehn Monate nach dieser denkwürdigen und vielleicht später von ihm auch bereuten Pressekonferenz vom August 2012 verkündete Obamas Vize-Sicherheitsberater Benjamin Rhodes schließlich im Namen des Präsidenten:

»Nach intensiven Untersuchungen gehen unsere Geheimdienste davon aus, dass das Assad-Regime chemische Waffen, darunter das Nervengas Sarin, eingesetzt hat.«

Katar

Bevölkerung: 1 699 435 allerdings nur 20 Prozent mit katarischer Staatsangehörigkeit, die übrigen sind Inder, Pakistani, Bangladesch usw. mit eingeschränkten Rechten.

Laut Verfassung ist Katar ein Emirat, also eine absolute Monarchie. Staatsreligion ist der Islam, und laut Artikel 1 ist die Schari'a die Hauptquelle der Gesetzgebung.

Katar ist weltgrößter Exporteur von Flüssiggas. Mit 14 Prozent besitzt es die drittgrößten Erdgasreserven der Welt – nach Russland und dem Iran. Die Gasvorkommen liegen zwischen katarischem und iranischem Hoheitsgebiet. Der Emir muss sich also mit den Mullahs die Vorkommen teilen.

Zwischen hundert und hundertfünfzig Menschen seien bei diesen Angriffen ums Leben gekommen. Das war am 14. Juni 2013. Eigene Soldaten nach Syrien schicken will Obama verständlicherweise nicht, auch nicht eine Flugverbotszone einrichten. Stattdessen verpflichtete er sich, die Freie Syrische Armee mit modernen Waffen zu beliefern. Nicht mehr nur Funkgeräte und Schutzwesten – das hatten die USA bisher geschickt – sollten es sein, sondern auch panzerbrechende Raketen und mobile Flugabwehrwaffen, die wenigstens ein ungefähres Waffengleichgewicht mit der Assad-Armee herstellen sollten. Außerdem waren Mitte 2013 schon 5 000 US-Spezialisten in Jordanien stationiert, um Rebellenverbände auszubilden.

Für die Republikaner in den USA war die Entscheidung Obamas ein schon lange geforderter erster Schritt, hatten sie Obama doch immer Zögern und Zaudern vorgeworfen. Syrien sei ein beschämendes Kapitel in der US-Geschichte, hatte der ehe-

Aufgrund dieser Vorkommen sind die Einwohner Katars mit jährlich über 100 000 Dollar Durchschnittseinkommen die Reichsten der Welt.

Der Sitz des Hauptquartiers der US-Streitkräfte im Nahen Osten liegt ebenfalls in Katar, genauso wie die diplomatische Vertretung der Taliban.

Der inzwischen in aller Welt bekannte und vertretene arabische Nachrichtensenders ›Al Jazeera‹ wird vom Emir von Katar finanziert. Hauptsitz ist die katarische Metropole Doha.

malige Präsidentschaftskandidat und Vietnamveteran John McCain dem Präsidenten vorgeworfen. Eine Flugverbotszone sei das mindeste, was die USA leisten müssten. Außerdem: gezielte Schläge gegen Assads Luftwaffe, Zerstörung von Startrampen der Scud-Raketen und die Einrichtung von Sicherheitszonen innerhalb Syriens, um Zivilisten und Rebellen zu schützen. Die amerikanische Regierung hatte zwar immer argumentiert, Russland und China hätten mit ihren Vetos die Einrichtung solcher für die Rebellen und Bevölkerung sicheren Zonen verhindert. Sicherlich ein richtiges Argument. Warum aber kein Alleigang zum Schutz der Syrer wie zwanzig Jahre zuvor?

In den neunziger Jahren hatten sich die Vereinigten Staaten gar nicht erst um Abstimmungen im Sicherheitsrat gekümmert, als sie die Flugverbotszonen über dem Irak festgelegt hatten. Damals sollten erst die Kurden im Norden, später auch die Schiiten im Süden geschützt werden. Schritt für Schritt hatten die USA, Großbritannien und Frankreich diese Sperrgebiete bis kurz vor Bagdad ausgeweitet und damit den Aktionsradius der irakischen Luftwaffe erheblich eingeschränkt. Um ein Mandat der Vereinten Nationen scherte sich damals kaum ein amerikanischer Politiker.

Auch für Israel war die Entscheidung Obamas ein wichtiger Schritt, hatte die Regierung Netanjahu doch immer gedrängt, die USA mögen eingreifen in diesen Konflikt, der immer mehr zu einer Bedrohung des jüdischen Staates selbst werde.

Allerdings ruderten schon bald nach diesen Ankündigungen England und Frankreich zurück. Die Entwicklungen auf der Rebellenseite in Syrien sind zu offenkundig. Die Djihadisten kontrollieren zunehmend den Norden Syriens, und es ließe sich kaum vermeiden, dass Waffen aus dem Westen auch bei ihnen ankämen. Flugabwehrraketen zum Beispiel nach dem Kriegsende wieder einzusammeln, ist so gut wie unmöglich.

Diese Erfahrung hatten die USA schon nach dem Abzug der Russen aus Afghanistan machen müssen. Nur für sehr viel Geld hatten sie den Mudschahedin gerade mal zwölf ihrer rund tausend gelieferten Stingerraketen wieder abkaufen können. Mit dem Rest bedrohen heute die Taliban die US-Hubschrauber in Afghanistan. Mit sehr viel Bauchgrimmen beschloss daher der US-Kongress am 23. Juli 2013, die säkularen Rebellen mit Waffen zu beliefern.

Die USA stecken im Syrienkrieg also in einem für sie kaum lösbaren Dilemma. Greifen sie auf der Seite der Freien Syrischen Armee in den Konflikt aktiv ein, unterstützen sie damit ungewollt, aber nahezu automatisch auch die radikalen Sunniten; denn sie können nicht gegen diese und gleichzeitig gegen Assad einen Krieg führen. Schlimmstenfalls müssten sie nach einem Sturz Assads entweder zu einem Feldzug gegen Al-Qaida-Verbände antreten oder Sicherheitszonen für von radikalen Sunniten bedrohte Minderheiten wie den Alawiten – ihre ehemaligen Feinde – und Christen einrichten. Sollten sie Bodentruppen einsetzen, und sei es nur für eine Schutzzone im Norden, dann haben sie es nicht nur mit der syrischen Armee zu tun, sondern auch mit der libanesischen Hisbollah und Kampftruppen aus dem Iran. Sollten die USA sich für Luftangriffe entscheiden, dann gehören möglichweise sogar als Berater eingesetzte russische Soldaten zu ihren Opfern. Auf alle Fälle liefen die USA Gefahr, tiefer und auf Jahre in den syrischen Konflikt hineingezogen zu werden, warnte der US-Generalstabschef Martin Dempsey im Juli 2013 in einem Brief an den Senat. Unter anderem schrieb er in dieser Stellungnahme:

»Sollten die Institutionen des Regimes in Abwesenheit einer funktionsfähigen Opposition zusammenbrechen, könnten wir unbeabsichtigt Extremisten zur Macht verhelfen oder genau die chemischen Waffen entfesseln, die wir unter Kontrolle bringen wollen.«

Diese Bedenken galten ab dem 21. August 2013 nicht mehr. Am frühen Morgen diesen Tages entfesselten Assad oder Rebellen die chemischen Waffen tatsächlich, von denen Dempsey so besorgt geschrieben hatte. Um drei Uhr morgens kam der Tod nach Ghuta und nach Daraja, beides Vororte von Damaskus, beide von Rebellen gehalten. Fast geräuschlos kam er: keine Explosionen, keine Warnung, niemand rief Alarm. Die Moscheelautsprecher warnten erst, als es schon zu spät war:

»Schließt eure Fenster, dichtet eure Türen ab«, rief die Stimme verzweifelt.

Doch da waren schon viele gestorben, elend verreckt, mit verdrehten Augen. Oder sie lagen im Sterben mit Schaum vor dem Mund, am ganzen Körper zitternd. Zu hunderten.

Giftgas! Nicht zum ersten Mal war es in diesem Krieg eingesetzt worden, doch noch nie in dieser Menge. Als der Tag kam und das ganze Grauen sichtbar wurde, sprachen die Rebellen bald von über tausend Toten. Über das Internet verbreiteten sie die Schreckensbilder: hunderte Tote in weiße Leichentücher gehüllt, keine erkennbaren äußeren Verletzungen. Kleine Kinder, die mit dem Tod rangen und langsam unter Schmerzen starben. Helfer, die selbst zu Opfern des Giftes werden.

Kaum eine Nachrichtensendung an diesem Tag, die diese Videos nicht gezeigt hat, zusammen mit der Anklage der Aufständischen: »Assad ist der Verbrecher. Er ist schuld am Tod von 1 300 Menschen.« Der stritt alles ab und zeigte auf die Aufständischen.

Andere Organisationen wie »Ärzte ohne Grenzen« sprachen von dreihundert bis fünfhundert Toten. Genauere Zahlen zu ermitteln ist schwer, da sie nur aus der Ferne diagnostiziert werden können. Assad lässt niemanden vor Ort ermitteln, außer nach einigen Tagen Chemiewaffenexperten der UNO.

Nach einer Schrecksekunde von zwei Tagen stimmten auch die USA und ihr engster Verbündeter, Großbritannien, in die

Anklage ein. Für sie stand fest, Assad war es, noch ehe die Chemiewaffeninspektoren, die sich wegen eines anderen Giftgasangriffs gerade in Damaskus aufhielten, ihre Arbeit in den beiden Vororten aufnehmen konnten.

Die UNO gab sich zurückhaltender. Sie sprach nur von »sehr ernsten Konsequenzen«, sollte sich der Verdacht erhärten. Ihre Inspektoren prüften an mehreren Tagen unter großen Schwierigkeiten und Gefahren. Dass chemische Kampfstoffe eingesetzt worden waren, das vermuten auch die Inspektoren. Die wichtigste Frage aber, wer sie eingesetzt hat und wer nicht in Frage kommt, die können und dürfen sie nicht beantworten.

Ganz ausschließen darf man folgende Erklärung nicht. Die Rebellen haben den Angriff inszeniert, um den Westen zu einem Militärschlag gegen Assad zu provozieren und die USA in den Krieg um Syrien einzubinden. Russland, der Iran und natürlich Assad behaupten dies. Das wäre auch die einfachste und vordergründig plausibelste Erklärung. Doch haben Rebellen tatsächlich für Chemiebomben geeignete Trägersysteme? Sind sie in der Lage, an zwölf verschiedenen Standorten im Großraum Damaskus fast zeitgleich Chemiewaffen einzusetzen? Experten sagen nein. Würden sie es aber tun, wenn sie könnten? Vermutlich ja; denn einige Rebellengruppen haben in den letzten Monaten gezeigt, dass sie genauso menschenverachtend zu handeln bereit sind wie das Regime selbst.

Ist unter dem Strich also doch Assad der Schuldige? Würde er unter den Augen der gerade in Damaskus angekommenen UN-Experten für Giftgas einen solchen Angriff wagen? Ist er wirklich so rücksichtslos und kaltherzig seinem Volk gegenüber? Die Zerstörungen in Aleppo und in Azaz und die Angriffe gegen die Zivilbevölkerung in den von den Rebellen besetzten Teilen des Landes sprechen dafür.

Fragen, die am Ende nur von den neutralen Experten der UNO beantwortet werden könnten. Sie sind die einzigen Fachleute, die am Ort des Grauens ermittelt haben, Bodenproben genommen, mit Augenzeugen und Ärzten geredet haben. Doch die UN-Inspektoren dürfen nur nach einem rauchenden Colt suchen, nicht aber sagen, wem er gehört. Allerdings kann man aus Indizien ihres Berichts, den sie am 16. September dem UN-Generalsekretär Ban Ki Moon übergaben, auf die Täter schlie-

Hisbollah – mehr als nur eine Miliz

Hisbollah (Partei Gottes) ist Hilfsorganisation, Partei und Widerstandsgruppe in einem. Sie unterhält Krankenhäuser, Kindergärten, Schulen, Wohltätigkeitsorganisationen, Frauengruppen, Pfadfindervereine, stellt gewählte Bürgermeister und sendet über den eigenen Fernsehsender ‚Al Manar' täglich 24 Stunden Propaganda in den Äther. Seit 1992 sitzt die Hisbollah im libanesischen Parlament, seit 2008 stellt sie auch Minister und hat dadurch eine Sperrminorität. Darüber kann sie die Regierung kontrollieren. An den Hisbollah-Abgeordneten und Ministern kommt im libanesischen Parlament keiner vorbei.

Der Südlibanon, bis zur libanesisch-israelischen Grenze, ist fest in Hisbollah-Hand. Sie weigert sich anzuerkennen, dass sich Israel im Jahr 2000 tatsächlich aus dem Libanon zurückgezogen hat, wie die UNO anerkannt hat. Die Hisbollah behauptet dagegen, die sogenannten Shebasfarmen auf dem von Israel besetzten Golan gehörten zum Libanon, daher gäbe es immer noch von Israel besetztes libanesisches Gebiet; deswegen müsse der Kampf gegen den Erzfeind weitergehen. Bei diesen Shebafarmen handelt es sich um Ackerland, das vor der Besetzung des Golans zu Syrien gehörte, aber von libanesischen Bauern bewirtschaftet wurde. (UN-Version)

Die Hisbollah finanziert sich mit Geld, das der Iran jährlich überweist. Nach Angaben von US-Behörden sollen es über 100 Millionen

ßen. Dieser Bericht sagt aus, dass in großen Mengen das Nervengift Sarin eingesetzt worden ist. In Blut-, Urin- und Haarproben haben bei 34 von 36 untersuchten Opfern unabhängige Labore dieses Giftgas nachgewiesen, genauso in der Mehrheit der Bodenproben und in Raketenfragmenten. Abgefeuert wurde es offensichtlich in Geschossen teils russischer Herkunft, über die vermutlich nur das Militär Assads verfügt. Kennziffern auf den Raketenteilen und rekonstruierte Flug-

Dollar sein. Außerdem durch Spenden reicher libanesischer Schiiten. Drogen- und Diamantenhändler sollen auch eine wichtige Rolle bei der Finanzierung spielen.

Die ‚Befreiung ganz Palästinas' und die Vertreibung der Juden aus dem historischen Palästina ist Ziel der Hisbollah. Tatsächlich hat sie inzwischen eingesehen, dass sie im multireligiösen Libanon keine Theokratie einrichten kann.

Kriege zwischen Hisbollah und Israel:

Bis zum Abzug der israelischen Truppen aus dem Südlibanon im Jahr 2000 herrscht ein permanenter Kriegszustand zwischen der Hisbollah und der israelischen Besatzung.

1996 kam es zwischen dem 11. April bis 28. April zur Operation Früchte des Zorns. Beide Seiten beschuldigen sich, die Kampfhandlungen provoziert zu haben.

2006 beginnt nach Entführung von 2 israelischen Soldaten am 12. Juli die israelische Militäraktion gegen den Südlibanon. Auch Teile von Beirut werden bombardiert. Der Krieg endet am 14. August mit einem Waffenstillstand.

Am 22. Juli 2013 beschloss die EU, den militärischen Teil der Hisbollah zur Terrororganisation zu erklären.

bahnen legen den Schluss nahe: mit sehr hoher Wahrscheinlichkeit kommt nur Assad als Täter in Frage.

Für die Vereinigten Staaten, Großbritannien und Frankreich stand schon früher fest, Assad ist der Schuldige, er muss bestraft werden. Obama eröffnet also einen neuen Kriegsschauplatz der USA auf rechtlich schwankender Grundlage. Eine Zustimmung des Sicherheitsrats der UN wird er kaum bekommen, die Vetos von Russland und China sind sicher. Beide Länder werden bei ihrer Behauptung bleiben: Die Rebellen waren es, um genau diese Reaktion des Westens zu provozieren. Allein ihnen nützten die Angriffe.

Am 29. August musste der britische Premier David Cameron diese Minikoalition der Willigen wieder verlassen. Sein Unterhaus entschied, Großbritannien solle sich nicht an den Angriffen beteiligen. Nicht nur die Labour-Opposition stimmte gegen eine militärische Strafaktion. Zu dieser Ablehnungsfront gehörten auch dreißig Abgeordnete seiner eigenen Partei. Eine Überraschung für alle. Der engste europäische Verbündete lässt die USA im Stich.

Am 31. August noch eine handfeste Überraschung. An diesem Wochenende waren die seit einer Woche angekündigten amerikanischen Raketenangriffe gegen syrische Militäreinrichtungen fast überfällig. Zehntausende Syrer, besonders aus dem Großraum Damaskus, hatten sich schon im Libanon vor den Luftangriffen in Sicherheit gebracht. Auch das Regime bereitete sich auf die Bombardierung vor, verlegte Raketenstellungen, versuchte Kampfflugzeuge in Sicherheit zu bringen, soll politische Gefangene als menschliche Schutzschilde in Kasernen und auf Flugplätzen einquartiert haben. Sogar Vorräte an Chemiewaffen habe er in Wohngebieten deponierten lassen, behaupten Oppositionelle. Stimmt das, dann setzt Assad seine eigenen Bürger zum Schutz dieser Massenvernichtungswaffen ein. Im syrischen Staatsfernsehen: nichts als Durchhalteparolen.

Am Abend mitteleuropäischer Zeit tritt der amerikanische Präsident dann vor die Presse. »Ich habe beschlossen, dass die USA militärische Maßnahmen ergreifen sollten«, verkündet er im Rosengarten des Weißen Hauses, es werde ein begrenzter Militärschlag sein ohne Einsatz von Bodentruppen. 1 429 Syrer seien durch die Chemiewaffen gestorben, darunter mindestens 426 Kinder. Mehr also als die Opposition bisher behauptet hatte. Bis dahin nichts wirklich Neues. Den Militärschlag hatte er schon die ganze Woche über angekündigt, von der Schuld Assads war er von Anfang an überzeugt gewesen. Doch dann kommt die Überraschung. Ehe er den Angriffsbefehl gebe, wolle er erst die Volksvertreter im Kongress fragen. Er wollte so die kriegsmüden Amerikaner stärker in diese politische und militärische Entscheidung von erheblicher Tragweite einbinden. Der Militäreinsatz aber war damit erst einmal um mindestens vierzehn Tage vertagt.

Assad triumphiert. Obama, der Zauderer, der große Töne spuckte, sich aber nicht traute, das starke Syrien anzugreifen. So die Propagandasprüche aus Damaskus. Gleichzeitig warnte Assad, die Region sei ein Pulverfass: »Die ganze Welt wird die Kontrolle über die Situation verlieren, wenn das Pulverfass explodiert. Chaos und Extremismus werden sich verbreiten«, drohte der syrische Alleinherrscher.

Dann der 9. September. Auf dem G20-Gipfel in Petersburg wenige Tage zuvor hatten sich Obama und Putin nicht auf ein gemeinsames Vorgehen gegen Assads Chemiewaffen einigen können. Für Obama schien es nur noch die Alternativen zu geben: Militärschlag in Syrien oder eine Blamage im Kongress. So stellte sich seine Lage zum Beginn dieser zweiten Septemberwoche dar. Dann die Sensation an jenem Montag. Eine Bemerkung seines Außenministers Kerry auf einer Pressekonferenz in London, eher unbedacht geäußert denn gezielt lanciert. Ob der Luftschlag gegen Syrien noch abgewendet werden könnte, hatte ein

Journalist gefragt. Assad könne ja seine Chemiewaffen internationaler Kontrolle unterwerfen, anwortete Kerry beiläufig. Als echtes Ultimatum hatte er es aber wohl nicht gemeint, fügte er doch an: »Das wird er nicht machen.« Doch die Russen erkannten ihre Chance, den drohenden Angriff abzuwenden und ihren Assad zu retten. Nach wenigen Stunden verkündete der russische Außenminister Lawrow die Überraschung des Tages, Assad sei zur Vernichtung seiner Chemiewaffen bereit. Sein Besuch, der syrische Außenminister Al Mualim, widersprach nicht. Damit war dem russichen Außenminister gelungen, womit keiner mehr gerechnet hatte: Assad lenkt ein. Der Interventionsgrund der USA war erst einmal hinfällig, Assads militärische Überlegenheit gerettet. Und Obama? Er musste sich nun keiner Kongressabstimmung mehr aussetzen, deren Ausgang ohnehin höchst unsicher war. Allein mit seiner Drohkulisse hat er dem syrischen Machthaber die fürchterlichste seiner Waffen entrissen. Zumindest sieht es Mitte September so aus.

Ein Spiel mit lauter Siegern also? Obama und Putin sehen sich so, Assad hat wertvolle Zeit gewonnen, außerdem ist sein Arsenal mit konventionellen Waffen gut gefüllt. Den Krieg kann er also auch ohne Chemie weiterführen.

Die syrische Opposition schäumte vor Wut und Enttäuschung über die – vorläufige – Absage der Raketenintervention. Sie gehört wohl zu den Verlierern, hatte sie doch auf eine deutliche Schwächung Assads durch die Luftangriffe gehofft. Diese wären vermutlich nicht kriegsentscheidend gewesen, hätten ihnen aber immerhin eine Atempause verschafft.

Für die israelische Bevölkerung wäre eine Zerstörung der Chemiewaffen Assads eine gewaltige Erleichterung. Syrien ohne Giftgas? Das gehörte in den letzten Jahrzehnten für die meisten Israelis ins Reich der Träume. Schutzmasken gegen Angriffe mit Chemiewaffen waren ihre Realität. Sie sind festes Inventar eines israelischen Haushalts. Und das wird allerdings vorläufig so bleiben; denn es wäre nicht das erstemal, dass Assad durch Tricksen und Täuschen Zeit gewinnen will. Das Mißtrauen jedenfalls sitzt tief in Israel. Aber auch das Nachdenken. Ist militärisch drohen und diplomatisch verhandeln vielleicht doch ein Erfolgsrezept? Möglicherweise sogar bei den Atomwaffen, die der Iran angeblich baut? Mit Obama sei kein Krieg gegen den Iran zu machen, hatten Regierungspolitiker und Militärs bis dahin immer gefürchtet. Der russisch-amerikanische Überraschungscoup könnte als Lösungsmodell eventuell übertragbar sein auf den Konflikt zwischen dem Iran und Israel. Auch die USA haben wie Israel oder Saudi Arabien ein großes Interesse, den Iran aus dem arabischen Nahen Osten zu verdrängen. Nur wie kann das geschehen? Bei dieser Frage ist der Westen so ratlos wie planlos. Die Unterstützung der Aufständischen gegen Assad und damit auch gegen die iranischen Mullahs überlässt er lieber Ländern wie Saudi Arabien und Katar, den beiden anderen großen Gegenspielern des Iran.

Durch den Persischen Golf läuft also auch eine der großen Konfliktlinien des Nahen Ostens. Am einen Ufer des Golfs der schiitische Mullah-Staat Iran, am anderen dieses für die Ölversorgung so wichtigen Gewässers die sunnitisch-wahabitischen Länder der arabischen Halbinsel, darunter so wichtige wie Saudi Arabien und Katar.

Katar – ein riesiger Winzling

Gerade Katar, geographisch ein Winzling, in Wirklichkeit dank seiner Gasvorkommen wirtschaftlich ein Riese und politisch manchmal ein hyperaktiver Halbstarker, lohnt, näher betrachtet zu werden.

Salzsümpfe, Geröll- und Kieswüste und ein paar Sanddünen. Das ist Katar streng geographisch gesehen. Eine Halbinsel mit

Anschluss an Saudi Arabien, die wie ein aufgerichteter Daumen in den Persischen Golf ragt. Von der Nordspitze Katars sind es nur 200 Kilometer Luftlinie bis zur Küste des ungeliebten Nachbarn Iran.

In Katar begegnen sich fast täglich das Vorgestern und das Übermorgen. Im Jahr 2022 will das Land die modernste Fußballweltmeisterschaft austragen, allerdings nicht mehr wie ursprünglich geplant in vollklimatisierten Stadien bei einer Außentemperatur von 40 Grad, sondern im Winter, wenn die Temperaturen auf erträgliche 17 Grad durchschnittlich sinken. Ob bis dahin allerdings die Benachteiligungen der Frauen aufgehoben sind, ist eher fraglich. Sie dürfen zwar, anders als im benachbarten Saudi Arabien, wählen, haben auf dem Papier die gleichen Rechte wie die katarischen Männer und dürfen auch autofahren. Benachteiligt werden sie aber zum Beispiel im Scheidungs- und Erbrecht.

Ein zweites Beispiel für diese Gegensätzlichkeiten im Land: Das Hauptquartier der US-Streitkräfte im Nahen Osten befindet sich in Katar, genauso aber auch eine Art Botschaft der Taliban. Katar unterhält gute Beziehungen zu Israel, finanziert aber gleichzeitig Israels Erzfeind, die Hamas. Die Skyline der Hauptstadt Doha gehört zu den modernsten der Golfstaaten, fast jeder Katari hat aber auch noch in einer Ecke seines Grundstücks ein Beduinenzelt aufgebaut, in dem er bei Wasserpfeife und süßem Tee mit Freunden die Abendstunden verbringt, wenn die Sonne nicht mehr ganz so brutal auf die Halbinsel brennt.

Der Emir von Katar leistet sich den Nachrichtensender *Al Jazeera* (zu Deutsch »Die Insel«), der den Fernsehjournalismus im Nahen Osten revolutionierte mit Debattensendungen, scharfen Kommentaren und mutigen Korrespondenten. Allerdings ist *Al Jazeera* auch ein Sender, der kritiklos die politische Linie seines Finanziers in der arabischen Welt verkündet. Einen

Katar-kritischen Bericht sucht man im Programm vergebens. Warum? Diese Frage könnte am besten Katars bekanntester Dichter Mohammed ad-Adschami beantworten, wenn er nicht im Gefängnis säße. Zu einer langen Haftstrafe wurde er verurteilt, weil er es gewagt hatte, dem Emir in einem 22 Zeilen langen Gedicht eine einfache Frage zu stellen. Das Gedicht endet mit den Worten:

»Sie importieren alle Ihre Sachen aus dem Westen. Warum importieren Sie nicht auch Gesetz und Freiheit?«

Wen er damit meint, ist klar – den regierenden Emir von Katar und seine Gefolgschaft. Für das Gericht in Doha war die Sache auch klar: Das ist ein »Aufruf zum Umsturz.« Sein Urteil: lebenslänglich. Ein Berufungsgericht wandelte es im Februar 2013 in 15 Jahre Gefängnis um.

Katar hatte sich bis zum Beginn der arabischen Aufstände als erfolgreicher Vermittler zwischen den vielen Konfliktparteien der Region bewährt, lieferte sich mit dem Iran im 2006 kriegszerstörten Südlibanon einen regelrechten Wiederaufbauwettkampf und investiert Millionen von Dollar in den Gazastreifen der Hamas. In Syrien schlug sich der Mitte 2013 zurückgetretene Emir Katars, Hamad bin Khalifa al-Thani, von Anfang an ganz auf die Seite der Aufständischen, genauer, auf die Seite der Islamisten, nie auf die der gemäßigten Demokraten. Das galt auch für Libyen, für Ägypten, ganz besonders aber für Syrien, wo er die Djihadisten mit Geld und Waffen unterstützen soll. Dem Westen will sich das Emirat als »als Akteur präsentieren, der wertvolle Dienste für die Lösung der zahlreichen Konflikte in der Region anbieten kann«, wie es Guido Steinberg von der ›Stiftung für Wissenschaft und Politik‹ formuliert hat. Gleichzeitig verdächtigte das französische Magazin *Le Canard Enchaîné* schon im Juni 2012 den Emir von Katar, die Djihadisten in Mali mit mehr als nur humanitären Hilfsgütern zu unterstützen. Als Quelle gab das Magazin den französischen Geheimdienst an.

Katar spielt also eine nicht ganz durchsichtige Schlüsselrolle in der komplizierten Gemengelage von Syrien, als Geldgeber, als Vermittler zwischen den zerstrittenen Oppositionsgruppen, als Unterstützer der Djihadisten, als Wohltäter der Bevölkerung in den von den Rebellen kontrollierten Gebieten. Eines allerdings wollen weder Katar noch Saudi Arabien, dass nämlich aus dem Nach-Assad-Syrien eine Demokratie wird. Im Gegenteil: Als im März 2011 Saudi Arabien mit Unterstützung anderer Golfstaaten wie Katar seine Panzer in das von schiitischen Unruhen geschüttelte Bahrain einrollen ließ, demonstrierten die Könige, Emire und Scheichs, woran sie wirklich interessiert sind: Sie wollen nicht mehr Mitbestimmung der Bevölkerung, sondern den Nahen Osten umbauen zu sunnitisch geprägten autoritär regierten Regimen. Außerdem wollen sie den schiitischen Iran auf Distanz halten; denn der hatte sich in den letzten Jahrzehnten zu einem starken Akteur im Nahen Osten entwickelt. Mit Hilfe der Hisbollah als hochgerüstete Hilfstruppe an der Grenze zu Israel und mit Syrien als engstem und einzigem Partner in der arabischen Welt. Sollte es den Aufständischen und ihrer Unterstützer wie Katar gelingen Assad zu stürzen und in Damaskus eine sunnitische Regierung einzusetzten, dann wäre die Verbindungsachse Teheran-Damaskus-Südlibanon zerstört und die Hisbollah isoliert, weil ohne Nachschub. Dieses Kriegsziel ist auch ganz im Interesse von Saudi Arabien, Katar und Syriens Erzfeind Israel.

Iran – der Feind meines Feindes

Das militärische Engagement des Iran im Nahen Osten geht zurück bis in die Zeit des Libanesischen Bürgerkriegs. 1982 war Israel in den Libanon einmarschiert, hatte Beirut besetzt und die PLO (Palestine Liberation Organization) aus dem Land nach Tunis vertrieben. Einmarsch und Besatzung lösten Widerstand bei den muslimischen Milizen der Bürgerkriegsparteien aus. Auch schiitische wie die Amal mit ihren etwa 15 000 Kämpfern beteiligten sich zunächst am Kampf gegen die Besatzer. Chomeini, der politische und spirituelle Führer der Revolution sowie Gründer der Islamischen Republik Iran, unterstützte den schiitischen Widerstand gegen die israelische Armee, hoffte er doch, seine gerade mal drei Jahre alte Revolution wenigstens in den schiitischen Teil des vom Bürgerkrieg zerrissenen Zedernstaats exportieren zu können. Anfangs sponserten die Mullahs noch verschiedene antiisraelische Milizen, die im schiitisch dominierten Süden des Landes und in der Bekaa-Ebene aktiv waren. Schon bald spaltete sich von der Amal ein radikaler Flügel ab, der sich ›Partei Gottes‹ nennen sollte und der jede Verhandlung mit Israel und dem Westen ablehnte. Die militärische Ausbildung der damals unbekannten Miliz übernahmen die Iranischen Revolutionsgarden. Aus dem Iran wurden sie auch finanziert. Zu den Gründern der neuen Bewegung gehörte unter anderem der spätere Generalsekretär der Hisbollah, Hassan Nasrallah. Sein Vorgänger Abbas al-Musawi wird verantwortlich gemacht für Entführungen von westlichen Journalisten und Geschäftsleuten, außerdem für die verheerenden Bombenanschläge 1983 gegen die amerikanische Botschaft mit dreiundsechzig Toten. Bei einem weiteren Selbstmordanschlag starben wenige Monate später 243 Marineinfanteristen. Der ihm ebenfalls zugeschriebene Anschlag gegen das israelische Hauptquartier in Tyrus im November 1983 führte zum Teilrückzug Israels aus dem Libanon.

Die Invasion Israels in den Libanon war also die Geburtsstunde ihres größten Feindes, der Hisbollah, Israel demzufolge unfreiwilliger Geburtshelfer dieser Miliz. Die achtziger Jahre waren auch der Beginn des Zweckbündnisses zwischen dem schiitisch-revolutionären Iran und dem säkular ausgerichteten

Syrien des Hafiz al-Assad, das auch heute noch, 30 Jahre später, Bestand hat und nach wie vor die Sicherheit Israels bedroht. Die gemeinsamen schiitischen Wurzeln der beiden Länder haben bei dieser Allianz nur eine sehr untergeordnete Rolle gespielt, wichtiger waren die gemeinsamen Interessen: da war einmal die erbitterte Rivalität zwischen Syrien und dem Irak Saddam Husseins um die Vorherrschaft in der arabischen Welt, die erst mit dem Sturz des irakischen Diktators 2003 endete. Für den Iran war Syrien daher ein idealer Verbündeter, da er selber einen acht Jahre dauernden Krieg gegen den Irak (1980 – 1988) führen mußte. Dann aber vor allem die Feindschaft der beiden Länder mit Israel, die Kontrolle des Libanon mit der Grenze zum Erzfeind und die Unterstützung der Hisbollah als Waffe gegen dieses »zionistische Gebilde«, wie Israel von seinen Gegnern oft genannt wird, um einer zumindest sprachlichen Anerkennung dieses Staates auszuweichen.

Die ohne Rücksicht auf das eigene Leben kämpfenden Krieger der Hisbollah errangen schnell große Anerkennung, Res-

Moskaus Syrien-Kalkül

Russland lehnt es ab, Druck auf Präsident Assad auszuüben, um ihn zum Rücktritt zu bewegen. Prinzipiell lehnt Moskau einen von außen gesteuerten Regimewechsel grundsätzlich strikt ab.

Dort versteht man den arabischen Frühling als einen Aufstand der Islamisten, die zur Gefahr für die Sicherheit Russlands werden können, wenn sich die Aufstände radikalisieren. Außerdem sieht man bei einem Regimewechsel in Syrien seinen einzigen Mittelmeerhafen Tartus in Gefahr.

Russland misstraut dem Westen seit dem Sturz Gaddafis in Libyen. Der Vorwurf Russlands, die NATO habe nicht für Schutz- und Flugverbotszonen gesorgt, um Zivilisten zu schützen, sondern um aktiv auf

pekt und Ruhm in der arabischen Welt, waren sie doch die einzigen, die kompromisslos gegen die israelischen Invasoren und Besatzer des Südlibanons Widerstand leisteten. Die Hisbollah ist eine der wenigen Organisationen, die auch von Sunniten respektiert wurden, obwohl sie schiitisch ist. Erst seit sie sich öffentlich auf die Seite Assads geschlagen hat, sinkt auch ihr Ansehen bei den arabischen Sunniten.

Noch heute feiern dort die Schiiten ihre gefallenen Kämpfer als Märtyrer. Kein Dorf ohne mannsgroße Plakate mit den Bildern der jungen Toten. Fast wie Heilige werden sie verehrt, sicherlich ein Stück weit auch eine gekaufte Ehrfurcht; denn die Hisbollah hat besondere Programme zur Unterstützung von Märtyrerfamilien aufgelegt. Niemand soll in Not geraten, wenn der Vater oder Sohn im Kampf gegen den ›zionistischen Feind‹ oder seit neuestem gegen sunnitische Terroristen in Syrien gefallen sind.

2000 gelang es der Hisbollah sogar, die israelischen Besatzungstruppen zum Abzug aus dem besetzten Südlibanon zu

Seiten der Rebellen einzugreifen. Ähnliches will Russland in Syrien verhindern.

Auf der internationalen Bühne und insbesondere gegenüber den Vereinigten Staaten möchte sich der Kreml im Fall Syriens als Großmacht manifestieren.

Russland liefert Waffen, Munition und Kampfflugzeuge an das Regime in Damaskus. Die Lieferung hoch entwickelter Luftabwehrraketen ist im Gespräch. Damit würden israelische Luftangriffe erschwert und eine Flugverbotszone nahezu unmöglich gemacht. Land-See-Raketen, mit denen man eine Blockade Syriens von Seeseite aus erschweren kann, soll Russland schon geliefert haben.

zwingen. Ihr größter Erfolg bis dahin. Der Jubel nicht nur im Südlibanon, sondern in der ganzen arabischen Welt war fast grenzenlos. Der geordnete Rückzug der israelischen Panzer wurde zur überstürzten Flucht umgedichtet. Endlich einmal die militärische Supermacht Israel gedemütigt! Und der Krieg 2006 zwischen Hisbollah und der stärksten Militärmacht im Nahen Osten ging nach Meinung vieler Experten unentschieden aus, ein Ergebnis, das in der arabischen Welt ausreicht, um als Sieg gefeiert zu werden. In vielen Ländern des Nahen Ostens nannten Eltern damals ihre männlichen Neugeborenen Nasrallah, gaben ihnen also den Namen von Scheich Hassan Nasrallah, dem damals hochverehrten Widerstandshelden und schiitischen Chef der Hisbollah. Ohne die militärische Unterstützung und Ausrüstung aus dem Iran wäre die Hisbollah allerdings nie zu einer auch von israelischen Generälen respektierten Militärkraft geworden. Inzwischen soll sie sogar über Raketen verfügen, die bis nach Tel Aviv fliegen können. Bei dem Krieg 2006 lag »nur« Haifa in der Reichweite der schiitischen Geschosse.

Türkei

Die Türkei hat zur Zeit über 400 000 (Stand Mitte 2013) Flüchtlinge aus Syrien aufgenommen und ist Rückzugsgebiet der syrischen Rebellen und deren Ausbildungslager. Über die Türkei führen entscheidende Transportwege für Waffen in den Norden Syriens.

Wichtige Oppositionsgruppen wie der Syrische Nationalrat oder der Oberste Militärrat der FSA, mit Brigadegeneral Selim Idris als Stabschef, haben ihren Sitz ebenfalls in der Türkei.

In der Südtürkei leben auch rund 500 000 syrischstämmige Alawiten, deren Gebiet, die heutige türkische Provinz Hatay, von der damaligen

Die Vernichtung Israels sei das erklärte Ziel der Hisbollah, versicherte mir der Pressesprecher der Gotteskrieger, Ibrahim al-Mussawi, bei einem langen Gespräch in seinem Büro im Beiruter Stadtteil Haret Hreik:

»Unser Ziel ist es, Jerusalem zu befreien, außerdem das von Israel besetzte Palästina.«

»Palästina? Ganz Palästina?«

»Ja ganz Palästina«, beantwortete Ibrahim al-Mussawi meine Zwischenfrage ohne mit der Wimper zu zucken:

»Palästina geht für uns vom Mittelmeer bis zum Jordan. Die Juden haben den Palästinensern das ganze Land gestohlen.«

»Und was soll dann mit den Israelis geschehen, die dort leben?«

Die Lösung, die sich die Hisbollah ausgedacht hat, ist simpel:

»Wer vor der Staatsgründung 1948 in Palästina gelebt hat, der darf bleiben, muss aber die neue islamische Regierung anerkennen. Alle anderen Juden müssen das Land verlassen, also alle, die nach 1948 in Palästina geboren sind.«

französischen Kolonialmacht in Syrien und im Libanon 1939 der Türkei übertragen wurde.

Die wichtigen türkisch-syrischen Wirtschaftsbeziehungen sind 2012 nahezu vollständig zum Erliegen gekommen. Zuletzt waren die türkischen Exporte nach Syrien von 1,424 Mrd. Dollar im Jahr 2009 auf 1,845 Mrd. Dollar 2010 gestiegen, fielen jedoch im Jahr 2011 erneut auf 1,611 Mrd. Dollar. (Türkisches Wirtschaftsministerium, zitiert nach ›Das Ende des türkischen Traums?‹, Heinrich-Böll-Stiftung)

Al-Mussawi sagt das ganz nüchtern, in einem fast geschäfts-mäßigen Ton. Zweifel an dieser kalt ausgesprochenen Un-menschlichkeit scheinen ihm nicht zu kommen. Allerdings ist die Hisbollah weit davon entfernt, je eine militärische Stärke entwickeln zu können, die sie in die Lage versetzt, nach Jerusa-lem durchzumarschieren.

Seit 1982 bilden die iranischen Pasdaran, die iranische Re-volutionsgarde, die Hisbollah-Kämpfer aus, die Mullahs rüs-ten sie hoch mit hochwertigem Kriegsgerät iranischer, russi-scher oder chinesischer Herkunft. Darunter sollen inzwischen auch weitreichende Raketen sein. Die meisten dieser Waffen werden mit Flugzeugen aus dem Iran nach Damaskus gelie-fert und dann heimlich über die syrisch-libanesische Grenze in die Verstecke der Gotteskrieger transportiert. Syrien ist also für den Iran und die Hisbollah eine unverzichtbare Etappe auf dem Weg zu den Gotteskriegern im Südlibanon.

Deutsche Hilfe für Syrien

(Stand September 2013)

Gesamtkosten aller Hilfsmaßnahmen im Zusammenhang mit Syrien: 228,6 Millionen Euro

Die Gelder dürfen nur für humanitäre Zwecke eingesetzt werden, eine andere Verwendung lässt die Bundesregierung nicht zu.
71,88 Mio. EUR für Syrien
50,38 Mio. EUR für Jordanien
44,77 Mio. EUR für den Libanon
23,58 Mio. EUR für die Türkei
8,6 Mio. EUR für Irak
1,5 Mio. EUR für Ägypten und
27,89 Mio. EUR für den Emergency Response Fund der Vereinten Nationen.

Durch diese von den USA und der EU als Terrororganisation eingestufte Miliz kann der Iran die israelische Nordgrenze unmittelbar bedrohen, ein unschätzbarer Vorteil, sollte Israel tatsächlich die iranischen Atomanlagen angreifen. Kein Wunder also, dass der Iran im syrischen Bürgerkrieg Assads wichtigster Verbündeter ist. Außerdem sollen inzwischen einige hundert Militärberater aus dem Iran Assads Truppen ausbilden. Im Dezember 2012 hatte laut der iranischen Nachrichtenagentur ISNA der Kommandeur der Qudsbrigaden, Mohamed Ali Dchafari, zum ersten Mal bestätigt, dass Angehörige der Revolutionsgarden und seiner Brigaden die syrischen Truppen unterstützen. Ob seine Soldaten aktiv mitkämpfen, wie die Rebellen behaupten und wie viele eingesetzt werden, ist schwer zu ermitteln.

Auch Hisbollahkämpfer unterstützen inzwischen die reguläre Armee Assads, auch wenn die Partei Gottes das lange ab-

Die Gelder werden für Flüchtlingshilfe, medizinische Versorgung, Nahrungsmittel, Transporte, Winterhilfe usw. eingesetzt.

Drittorganisationen wie das Internationale Komitee des Roten Kreuzes, Caritas, Malteser, DRK, usw. engagieren sich ebenfalls in Syrien. Das Technische Hilfswerk (THW) hat Flüchtlingslager in Jordanien aufgebaut.
Gesellschaft für Internationale Zusammenarbeit GIZ, Büro für den Wiederaufbau in Gaziantep, liefert Medikamente und Bedarfsmittel für Dialysegeräte (wie etwa Kanülen oder spezielle Salze) sowie Stromgeneratoren und Mittel zur Aufbereitung von Wasser. Die GIZ organisiert auch Hilfe zur Selbsthilfe, indem sie beispielsweise zu Instandsetzungen von Wasser- und Stromleitungen anleitet. ▶

gestritten hatte. Am 25. Mai 2013 gab Hisbollahchef Hassan Nasrallah im Libanon zum ersten Mal unumwunden zu: »Wir kämpfen auf der Seite der gerechten Sache« und ließ keinen Zweifel, dass er damit Assad und sein Regime meint. In einer flammenden Videobotschaft schwor er seine schiitischen Anhänger auf einen Endsieg in Syrien ein:

»Wir werden nicht mit verschränkten Armen zuschauen, wie Amerika, Israel und sunnitische Radikale gemeinsam Syrien das Rückgrat brechen«, sagte Nasrallah. »Wir wären Narren, wenn wir das zuließen.«

Während seine Anhänger ihm zujubelten, starben bei der Schlacht um die nahe der libanesischen Grenze gelegene Stadt Al Kusair mehrere Dutzend Hisbollahkämpfer. Einen Tag nach

NGOs in Syrien

Bis Mai 2013 unterstützten die Grünhelme e.V., eine Hilfsorganisation junger Christen und Muslime, Rehabilitierungsmaßnahmen und den Wiederaufbau von Schulen, Krankenhäusern etc. im von Rebellen kontrollierten Teil Syriens. Nach Entführung von drei Mitarbeitern wurde die Arbeit vorläufig eingestellt.

Cap Anamur, Deutsche Notärzte e.V., Krankenstationen mit OP-Räumen in Azaz und Aleppo, in denen nach eigenen Angaben in zwei Monaten über 5 000 Patienten behandelt wurden; transportiert Medikamente nach Nordsyrien.

Ärzte ohne Grenzen unterhält sechs Krankenhäuser, vier Gesundheitszentren und mobile Kliniken im von der Opposition kontrollierten Gebiet. Chirurgie, stationäre und ambulante Abteilungen, Geburtsstationen, eine Kinderstation sowie psychologische Hilfe.

Arche Nova, Initiative für Menschen in Not e.V., Medizinische Erstversorgung, Rehabilitierung von Schulen, Unterstützung von Familien in Extremnot.

dieser Kriegserklärung schlugen in von der Hisbollah kontrollierten Stadtteilen von Beirut zwei Raketen ein und verletzten
fünf Menschen. Auch eine Art Kriegserklärung der Gegenseite.
Damit hatte der syrische Bürgerkrieg endgültig den Nachbarn
Libanon erreicht.

Die Ankunft der Hisbollaheinheiten auf dem syrischen
Schlachtfeld – zwischen zwei- und dreitausend sollen es sein –
andere Quellen sprechen von knapp 1 000 – hat zunächst einmal den Krieg zugunsten Assads gewendet. Seine Armee auf
dem Vormarsch, die Rebellen auf dem Rückzug.

Gerade diese Schlacht um Al-Kusair hat dem Krieg nicht nur
militärisch eine neue Richtung gegeben. Aus dem Bürgerkrieg
ist so etwas Ähnliches wie ein Stellvertreterkrieg geworden mit

*Ärzte der Welt e.V., Einrichtung von Krankenhäusern, Notfallhilfe
und Ausstattung zur medizinischen Grundversorgung*

*Welthungerhilfe, stellt Mehl für Bäckereien, Medikamente, Babynah-
rung, Grundnahrungsmittel zur Verfügung.*

*Help e.V. – Hilfe zur Selbsthilfe, Help unterstützt im Großraum Da-
maskus und über Partner in der Region Homs syrische Binnenflüchtlinge und Projekte zur Wasserversorgung. Hilfe gibt es auch seit August 2013 für syrische Flüchtlinge im Libanon und seit September
2013 auch in der Türkei.*

*Adopt a Revolution e.V., finanzielle Unterstützung von nicht-militäri-
schen Projekten, Zusammenschlüssen und Bewegungen wie der Union
Freier Syrischer StudentInnen (UFSS), aber auch von lokalen Bürger-
komitees in verschiedenen syrischen Städten.*

stark religiöser Einfärbung. Die Golfstaaten gegen den Iran. Die Ölscheichs hoffen, die Ansprüche der Mullahs, regionale Vormacht im Nahen Osten zu werden, stoppen zu können. Sunniten gegen Schiiten. Über Religion lässt sich ein Krieg immer besser dem eigenen Volk vermitteln als über reine Machtpolitik. Bei der Schlacht um Al-Kusair nahe der libanesischen Grenze hatte die Hisbollah gegen die Nusra-Front gekämpft, schiitische Extremisten gegen sunnitische. Das Städtchen war von Kämpfern der Nusra-Front besetzt und verteidigt gewesen, die schiitischen und christlichen Bewohner waren vorher aus der Stadt geflohen. Auch bei den Schlachten um Homs und Aleppo kämpfen Schiiten gegen Sunniten.

Ein russischer Freund

Nicht weniger wichtig für Assad ist Russland. Moskau ist ständiges Mitglied im Sicherheitsrat der UNO und damit ein sicheres Veto gegen alle UN-Resolutionen, die Syrien verurteilen wollen, außerdem Waffenlieferant und möglicher Vermittler zwischen den Parteien und schließlich das stärkste Gegengewicht gegen die westliche Dominanz im Nahen Osten. Für Russland wiederum ist Syrien, wie für den Iran, die Brücke in den Nahen Osten. Einen anderen Verbündeten hat Moskau in der arabischen Welt nicht, die meisten anderen Länder lehnen sich an die USA an.

Eine wichtige Rolle für die scheinbar fest betonierte prosyrische Haltung der russischen Regierung hatte zweifellos das libysche Vorspiel zum syrischen Drama gespielt. Als Gaddafi im März 2011 Anstalten machte, die Aufständischen in Benghazi mit Panzern anzugreifen, drohte ein Blutbad an der eigenen Bevölkerung. Um dies zu verhindern, verhängte der Sicherheitsrat mit der Resolution 1973 eine Flugverbotszone über Libyen. Außerdem ermächtigte dieser Beschluss die UN-Mitglieder, »alle notwendigen Maßnahmen zum Schutz der Bevölkerung« zu ergreifen. Die ständigen Mitglieder Russland und China enthielten sich bei der Abstimmung im Sicherheitsrat, gaben damit den Weg frei für das militärische Eingreifen des Westens im libyschen Bürgerkrieg. Die Resolution verbot allerdings ausdrücklich einen militärischen Einmarsch, doch die NATO legte die Resolution derartig extensiv aus, dass bereits die Luftangriffe der NATO-Kampfflugzeuge letztendlich zum Erfolg der Rebellen und zum Sturz Gaddafis führten. Die Kampfflugzeuge aus Europa waren gewissermaßen die Luftwaffe der Rebellen, die selbst dann Militäranlagen Gaddafis bombardierte und zerstörte, wenn keine Gefahr für die Bevölkerung bestand. Jeder NATO-Einsatz über dem Land diene dem Schutz der Bevölkerung, so die Standarderklärung der Militärs und Politiker in Brüssel.

Das ging Russland zwar zu weit, so hatte man die Resolution schließlich nicht verstanden. Aber letztendlich hatte Moskau mit seiner Stimmenthaltung die Tür für diese offensive Politik des Westens geöffnet und sicherlich unbeabsichtigt indirekt bei dem Regimewechsel in Libyen mitgeholfen. Der russische Präsident Dmitrij Medwedjew soll getobt haben, als diese Folgen der eigenen Stimmenthaltung immer deutlicher wurden. Er fühlte sich hinters Licht geführt, vielleicht sogar reingelegt von der NATO, schließlich hatte er mit seinem Abstimmverhalten gegen eines der Prinzipien der eigenen Außenpolitik verstoßen, sich nämlich möglichst nicht in die Souveränität von Drittstaaten einzumischen: »Regimechange? Nein, danke!«

Dieser Fehler sollte sich in Syrien nicht wiederholen.

»Wenn es um offene Regimewechsel in dritten Staaten geht, ist Moskau nicht bereit, mit dem Westen zusammenzuarbeiten«, schreibt der Direktor der Moskauer Filiale Dmitri Trenin in seinem Gutachten »The Mythical Alliance: Russia's Syria Policy«, für die *Carnegie Stiftung.* Der Sturz des libyschen Diktators habe bei Putin Zweifel an der Glaubwürdigkeit des Westens aufkommen lassen, die jetzt in der Syrienfrage eine zentrale Rolle spielten. Und weiter:

»Putin wird sich immer an die libysche Lektion erinnern!« Noch einmal wolle er sich nicht täuschen lassen vom Westen. Auch dies ein Grund für das ständige ›Njet‹ im Sicherheitsrat der Vereinten Nationen.

Noch etwas anderes beunruhigt die russische Regierung am arabischen Frühling. Laut Dmitri Trenin glaubt sie diese Aufstände viel nüchterner zu betrachten als der Westen, dem sie ein Stück Naivität und Romantisierung unterstellt. Die Westeuropäer rechneten tatsächlich mit einer Demokratisierung dieser Länder, während für Russland in erster Linie die Fragen zählen: Was kommt nach dem Sturz der Assads oder Mubaraks oder Ben Alis? Welche Auswirkungen hat ein solcher Wechsel für Russland? Wird es schwieriger? Die Beispiele Ägypten und Tunesien geben Antwort: Es kommen Islamisten an die Macht. In den beiden Ländern noch in einer relativ gemäßigten Form. Ähnliches deutet sich inzwischen auch in Syrien an, allerdings wesentlich radikaler. Die Djihadisten und Al-Qaida-nahe Gruppen werden auch hier immer stärker, unter anderem also auch jene islamischen Extremisten aus Tschetschenien, gegen die Russland im Nordkaukasus schon einmal blutige Kriege geführt hatte, und deren Bomben sogar in Moskau detonierten.

Laut Dmitri Trenin ist Assad für Russland ein Bollwerk gegen diesen islamistischen Extremismus und Terrorismus. Fällt diese Brandmauer, dann könnte das einen Feuersturm auslösen, der auch noch im Nordkaukasus Brände entfacht. Eine Horrorvorstellung für Putin, nicht ganz zu Unrecht. Offensichtlich mischen sich unter die arabischen Djihadisten seit 2013 immer häufiger auch islamistische Kämpfer aus dem Kaukasus, die im syrischen Bürgerkrieg Kampferfahrung für die Aufstände ge-

gen Russland sammeln wollen. Europäische Nichtregierungs-
organisationen hatten im Frühsommer in Nordsyrien Besuche
von solchen Kämpfern, die herrisch und nicht eben freundlich
gesinnt die nichtsyrischen Mitarbeiter kontrollierten. Etliche
dieser unfreundlichen Besucher, so berichtete eine französische Organisation, hätten russisch oder bosnisch gesprochen,
einer sogar deutsch. Auch wegen dieses Bürgerkriegstourismus
will Putin Assad nicht fallenlassen.

Zu den materiellen Interessen Russlands an Syrien gehört
zweifellos der Hafen der Mittelmeerstadt Tartus. Dort ist ein großer Teil dieses Hafens als militärisches Sperrgebiet für die russische Flotte reserviert. 1971 hatte die Sowjetunion mit dem eben
an die Macht gekommenen neuen syrischen Präsidenten Hafiz
al-Assad ein entsprechendes Abkommen geschlossen. Es ist der
einzige Kriegshafen Russlands im Mittelmeer. Im Januar 2013
veranstaltete die russische Marine vor der syrischen Küste ein
großangelegtes Manöver mit Kriegsschiffen mehrerer Marine-
einheiten. Es war aber keine Evakuierungsübung für die rund
dreitausend in Syrien lebenden Russen und Russinnen, wie Beobachter zunächst annahmen, sondern eine Demonstration der
Stärke in Richtung Westen: die russische Flotte ist wieder zurück
im Mittelmeer! Das war die Botschaft dieses Manövers.

Allerdings scheint das Vertrauen der Russen in den Syrer
rasch zu schwinden, das deuten jedenfalls die Überlegungen
der russischen Marine an, ihre Mittelmeerflotte aus dem syrischen Tartus nach Beirut zu verlegen.

Auch wenn es zwischendurch gelegentlich so aussah – Russland macht keine wirklichen Anstalten, seinen syrischen Verbündeten Assad fallenzulassen. Im Gegenteil: Es rüstet Assads
Armee weiter auf, inzwischen sogar mit hoch entwickelten
Waffen wie Land-See-Raketen, mit denen eine Seeblockade Syriens bekämpft werden kann. Außerdem hat Russland die Lieferung von hoch entwickelten Luftabwehrraketen zugesagt.

Türkei – vom Freund zum Feind

Der Empfang war herzlich auf dem Flughafen des türkischen Badeorts Bodrum, wenn auch die beiden Paare unterschiedlicher nicht hätten sein können. Sie, die aus dem Flugzeug stieg, in kniefreiem schwarzen Kleid und Pumps, die Arme unbedeckt, kein Kopftuch, die Lippen geschminkt, ebenso sorgfältig wie die Augen. Sie, die zur Begrüßung mit ihrem Mann am Fuß der Gangway angetreten war, mit enggebundenem Kopftuch, trotz Sommerhitze in weißem Jackett und hochgeschlossenem Kleid, das fast bis zu den Fußknöcheln ging. Die beiden Männer, beide in Staatsgrau, also dunkler Anzug und dezente Krawatte, begrüßten sich herzlich vor den laufenden Kameras, umarmten sich wie alte Freunde. Der ältere, Tayyib Erdogan, Ministerpräsident der Türkei, der jüngere, der mit seiner eleganten Frau aus dem Flugzeug gestiegen war, Baschar al-Assad, Präsident des Nachbarn Syrien. Das war 2008. Das schicke Paar aus Damaskus und das ein wenig provinziell daherkommende aus Ankara verbrachten einige Urlaubstage gemeinsam unter dem blauen Himmel von Bodrum. Und alle Welt dachte, da wird eine neue Allianz gefestigt.

Spätestens vier Jahre nach dieser gemeinsamen Freizeit ist die Freundschaft zwischen Baschar und Tayyib – die beiden Männer hatten sich geduzt – zerbrochen.

Heute ist die Türkei Rückzugsgebiet der Rebellen, von der türkischen Regierung geduldet, von der türkischen Geheimpolizei hingenommen, sogar gefördert. In Camps trainieren die Aufständischen ihre Kämpfer. Durch die Türkei werden Waffen für die Aufständischen in den Norden Syriens geschmuggelt. Auch dies mit Wissen der türkischen Regierung und geduldet von der türkischen Geheimpolizei und dem Militär. In der Südtürkei erholen sich Kämpfer von der Front, Ärzte wie Dr. Ammar verbringen hier ein paar Tage, ehe sie wieder in den Krieg zurückkehren, um in Aleppo drei Wochen lang am Stück zu operieren. Schwierigkeiten die Grenze zu überqueren hat keiner von ihnen. Wer als Ausländer die Rebellen in Azaz oder Aleppo besuchen will, bekommt von den Türken in Killis oder einer anderen Grenzstation einen Ausreisestempel und fährt nach Syrien weiter. Den syrischen Ausreisestempel erkennen die türkischen Grenzbeamten bei der Rückkehr an, so als sei der Norden schon ein richtiger Staat.

Die Türkei ist aber auch Gastgeber für hunderttausende Flüchtlinge aus Syrien, die zusammengepfercht in für Beobachter verschlossenen Lagern leben. Und die Türkei ist neben Jordanien das Land, das am meisten Flüchtlinge aus Syrien aufgenommen hat. Über 400 000 sind es mit Sicherheit Mitte 2013, und täglich kommen neue hinzu. Trotz dieser wachsenden Belastung hat das türkische Parlament 2013 per Gesetz den Status der Flüchtlinge erheblich verbessert. Waren sie davor höchstens nahezu rechtlose »Gäste«, haben sie seit der Verabschiedung des Gesetzes zum Beispiel das Recht, gegen geplante Abschiebung Einspruch zu erheben. Auch dürfen sie nicht mehr in die Länder abgeschoben werden, in denen sie Folter oder Verfolgung erwartet. Die syrischen Flüchtlinge können also sicher sein, dass sie vorläufig nicht in ihre Heimat zurückgeschickt werden.

Die Südtürkei ist aber auch Ziel von Angriffen der Assadtruppen. Egal ob von diesen gewollt oder auch nicht gewollt, kommt es an der Grenze derart häufig zu Schusswechseln, dass Erdogan die Stationierung von Panzertruppen und Flugzeugstaffeln anordnete. Als die syrische Flugabwehr einen türkischen Phantomkampfbomber abgeschossen hatte, standen die beiden Länder am Rande eines Krieges. Die NATO entschied, sein Mitglied Türkei zu unterstützen und Luftabwehrraketen zu stationieren. 2013 entsandten die Bundesrepublik und die Niederlande Einheiten mit Patriot-Luftabwehrsystemen, allerdings in sicherer Entfernung von der türkisch-syrischen Grenze.

Die Südtürkei war aber auch Ziel von Anschlägen. Zum Beispiel das Blutbad von Reyhanli. Am 11. Mai 2013 explodierten in dem kleinen Städtchen in der Südtürkei mehrere Autobomben. Mitten in der Stadt in der Nähe des Rathauses und in der Nähe der Post. Am helllichten Tag. 51 Menschen kamen ums Leben, 140 wurden verletzt. Wer dahintersteckt, ist immer noch unklar. Der syrische Geheimdienst war es, behaupten die türkischen Behörden. Türkische Hacker wollen Computer des Geheimdienstes geknackt und dabei festgestellt haben, dass tatsächlich die Al-Qaida nahe Al-Nusra-Front hinter den Anschlägen steckt. Wer es auch immer war, feststeht: Das NATO-Mitglied Türkei verstrickt sich immer tiefer in den Wahnsinn des syrischen Kriegs.

Wie kam es zu dieser 180-Grad-Wende zwischen der Türkei und Syrien? Was brachte Erdogan dazu, Assad die Freundschaft aufzukündigen?

Hatte Erdogan bis 2011 noch eine Politik verfolgt, die sich am besten mit dem Prinzip ›Möglichst keine Probleme mit dem

Alawiten

Die **Alawiten** – eine religiöse Gruppierung des Nahen Ostens, die im späten 9. Jahrhundert im Irak entstanden ist und zum schiitischen Spektrum des Islam gezählt wird. Sie sind nicht zu verwechseln mit den türkischen und kurdischen Aleviten.

Hauptsiedlungsgebiert – türkische Provinz Hatay im Norden, weiter südwärts über das syrische Küstengebirge, den sogenannten Dschebel Ansariye und Latakia, bis in die Ebene von Akkar im Nordlibanon.

Die **Alawiten** (auch: Nusairier) sind eine Religionsgemeinschaft, die von sich behauptet, sie gehöre zum Islam. Sunnitische wie schiitiche

Nachbarn‹ umschreiben lässt, hatte die Türkei nach dem Bruch so ziemlich alle Probleme dieses Bürgerkrieges auf sich geladen, außerdem noch zusätzlich viele Probleme mit Nachbarn wie dem Iran.

Erdogan hatte bis Mitte 2011 versucht, Baschar al-Assad in aller Freundschaft zu nachhaltigen Reformschritten zu überreden, war aber trotz Bodrumer Badespaß auf taube Ohren gestoßen. Der hatte stattdessen auf immer mehr Gewalt gegen die eigene Bevölkerung gesetzt. Flüchtlinge aus Syrien drängten über die Grenze in die Türkei, die große Mehrheit waren Sunniten wie die meisten Türken. Auch Erdogans AKP steht für eine sunnitische Ausrichtung der türkischen Politik. Außerdem zeichnete sich in anderen Ländern des »arabischen Frühlings« 2012 immer mehr ab, dass die sunnitischen Muslimbrüder aus der Illegalität direkt in die Präsidentenpaläste durchmarschieren werden, so in Ägypten, so in Tunesien. Für den Islamisten Erdogan und seine Türkei eine einmalige Chance, sich als Vorbild für die aufkeimenden Muslimbruderstaaten und den Westen zu empfehlen: »Ihr seht es an mir. Es kann gelingen, einen

Religionsgelehrte zweifeln das aber immer wieder an. Sie haben ihren Namen abgeleitet von Ali ibn Abi Talib, dem Schwiegersohn Mohammeds.
Sie verehren Ali im Gegensatz zu den Schiiten als eine göttliche Erscheinung. Die Religionsgemeinschaft wurde 872 von Ibn Nusair begründet. Deswegen werden sie auch Nusairier genannt.
Unter anderem glauben Alawiten an die Seelenwanderung. Die Seelen von Ungläubigen wandern in Tierleiber, die der Gläubigen werden zu Lichtgestalten.

islamistisch ausgerichteten Staat demokratisch aufzubauen!« In einigen dieser Länder galt er schon bald als politische Lichtgestalt. Der Jubel der Ägypter in Kairo war fast grenzenlos, als er zum ersten Mal das neue Ägypten im September 2011 besuchte. Um aber von den Sunniten geliebt zu werden, musste er sich von dem Alawiten Assad lossagen und sich öffentlich zur Unterstützung der sunnitischen Rebellen bekennen.

Der Syrische Nationalrat (SNR), ein Zusammenschluss verschiedener Oppositionsgruppen, bekam Heimat in der Türkei. In ihm stellen die syrischen Muslimbrüder die Mehrheit. Außerdem durfte sich der sogenannte Oberste Militärrat der Freien Syrischen Armee in der Türkei niederlassen, dessen Einfluss auf die Einheiten der FSA in Syrien selbst allerdings nach wie vor begrenzt ist.

Und wer bei der türkischen Grenzstation Killis nach Syrien fährt, sieht die schier endlose Kolonne von Lastwagen, die Lebensmittel geladen haben, aber auch Zement und anderes Baumaterial. Oder die Planen der LKWs sind so gut festgezurrt, dass man die schwere Fracht auf der Ladefläche kaum ahnen kann. Das sunnitische Rebellenland im Norden Syriens hängt am Tropf der sunnitischen Türkei.

Die Antwort Assads ließ nicht lange auf sich warten. Er arrangierte sich mit der Kurdenpartei PYD im Nordosten Syriens, zog einen großen Teil seiner Truppen aus dem Kurdengebiet ab und überließ es dieser Partei. Der Grund: Die PYD (Partei der Demokratischen Union) ist ein Ableger der türkischen PKK, die nur wenige Kilometer jenseits des nahen Grenzflusses auf der türkischen Seite gegen ihren Erzfeind, die türkische Regierung, operiert. Spricht man PYD-Funktionäre auf diesen nie offiziell bestätigten Deal an, dann streiten sie natürlich alles ab. Der Parteivorsitzende Salih Muslim zum Beispiel sagte mir:

»Assad ist unser Feind. Bei den Aufständen von Qamishli 2004 waren die meisten Toten Mitglieder unserer Partei. Wir verraten unsere Märtyrer nicht durch einen solchen Handel.«

Getroffen hatte ich den Parteichef im September 2012 im irakisch-kurdischen Erbil in einem Luxushotel, in dem er die meiste Zeit lebt.

Tatsächlich wurden Kurden in Syrien seit den fünfziger Jahren immer rücksichtslos unterdrückt. Daran hatte auch die Assad-Dynastie nichts geändert: Die kurdische Kultur und Sprache waren verboten, nicht wenigen wurde sogar die Staatsbürgerschaft aberkannt und sie so zu Staatenlosen gemacht, die ihre Kinder weder auf Schulen schicken durften noch Eigentum erwerben oder offiziell heiraten durften.

Meine nächste Fragen an Salih Muslim: »Warum sind die Truppen Assads dann plötzlich abgezogen?«

Seine selbstbewusste Antwort: »Weil sie erkannt haben, dass sie gegen die Miliz der PYD keine Chance haben. Wir sind zu stark.«

Spricht man aber mit den Funktionären anderer kurdischer Parteien, dann hört man immer wieder:

»Es gibt eindeutig Absprachen zwischen der PYD und dem Regime in Damaskus. Wenn sie sich nicht den Aufständischen anschließen, dann bekommen sie ihre Autonomie. Außerdem kann Assad die Truppen, die er abzieht, anderswo einsetzen.«

Baschar al-Assad entschied sich offensichtlich unter dem Druck des Bürgerkrieges für eine Politik nach dem alten arabischen Sprichwort: »Der Feind meines Feindes ist mein Freund.«

Die PYD nutzte ihre Chance, drängte andere kurdische Parteien an den Rand und baute ihre Kontrolle über Syrisch-kurdistan systematisch aus. Sie besetzte die Verwaltung der Städte mit Parteianhängern und richtete einen eigenen Polizeidienst ein. Sie machte so diesen Teil Syriens, der an die Türkei und den kurdischen Teil des Irak grenzt, zu einem sicheren Rückzugsgebiet der PKK, sehr zum Zorn des türkischen Militärs. Auch das war die Absicht Assads, nämlich seinen ehemaligen

Bodrumer Kumpel in Bedrängnis zu bringen. Von der Macht der PYD in diesem Teil Syriens hatten wir uns bei unserem Besuch im September 2012 überzeugen können:

An einem heißen Sommertag im September 2012 waren wir, mein Kameramann Jürgen Killenberger und ich, von Erbil im irakischen Kurdistan zur syrischen Grenze gefahren. Unsere erste Begegnung damals kurz vor der Demarkationslinie waren Flüchtlinge, die gerade die Grenze überquert hatten. Alte Leute, junge Männer und Frauen, Kinder, alle schwer bepackt. Kurdische Peschmergas, die an der irakischen Grenzstation herumhingen, ließen sie passieren. Neben der irakischen Fahne hing über dem Posten auch die kurdische träge in der Mittagshitze. Die Peschmergas waren eingeweiht in unseren Plan, illegal nach Syrien einzureisen, sie begleiteten uns sogar, bis wir syrisches Gebiet erreicht hatten. Von einer syrischen Grenzpatrouille war nichts zu sehen. Auf der anderen Seite erwartete uns ein junger syrischer Kurde, er wird uns die nächsten Tage begleiten als Schutz vor den Geheimdienstlern Assads, die es hier noch geben soll, aber auch als Aufpasser. Während wir unser Gepäck über Sanddünen schleppen, kommen uns wieder Flüchtlinge entgegen. Eine Familie, die in großen Koffern und Säcken ihre Habseligkeiten transportiert. Bis zu 500 Syrer flohen damals täglich allein über diesen Grenzabschnitt in den Irak, darunter viele junge, die weder zur Armee eingezogen werden noch sich den Rebellen anschließen wollen.

Nach einer Stunde Fahrt durch die Ölfelder erreichen wir Derika – 50 000 Einwohner, fast alle Kurden. Ihre Sprache, ihre Kultur, ihre Literatur – alles Kurdische war in der Vergangenheit verboten, unter dem Assad-Sohn genauso wie auch unter dessen Vater. Die bis dahin verweigerte Staatsbürgerschaft war für den Sohn plötzlich kein Thema mehr. Im Frühjahr 2012 versprach er die Ausstellung von Pässen, um sich so die PYD gewogen zu machen. In den Straßen von Derika ist der syrische Präsident immer noch präsent, wenn auch nur als großes Wandgemälde. Sein Geheimdienst ebenso, aber real. Unsere Begleiter warnen uns immer wieder, nicht zu lange an einem Ort stehenzubleiben: »Sonst erregt Ihr Verdacht.« Spitzel und Verräter, die gäbe es schließlich immer noch.

Neben den alten langsam verblassenden Assadbildern sind ganz neue Großposter aufgehängt in frischen Farben. Sie zeigen den Kopf eines anderen Politikers, das Porträt von Abdukkah Öcalan, unübersehbar. Außerdem an jeder Straßenkreuzung die Fahnen der PYD: grün, rot, gelb. Diese Demonstration soll sagen: Dies ist Öcalanland. Hier ist die PKK zu Hause.

Bei einer Familie werden wir für die nächsten Nächte einquartiert, natürlich glühende Anhänger Öcalans, das Idol aller PYD-Anhänger. Vor anderthalb Monaten war die Familie Ali aus Damaskus in ihre kurdische Heimat zurückgekehrt. Sie leben in einem Rohbau. Zu mehr reicht es nicht. Aber sie fühlen sich in Sicherheit:

»Hier sind wir mit unseren eigenen Leuten zusammen, alles Kurden. Hier gibt es keinen Krieg wie in Damaskus«, erklärt uns Dahab Deham Ali, der Vater der Familie. Und seine Tochter, Rojamin Deham Ali, eine ausgebildete Lehrerin: »Hier ist es friedlicher. Und ich kann Unterricht in Kurdisch geben.«

Als Kurdischlehrerin gibt sie in einer Schule jeden Abend Unterricht. Ihre Schüler sind junge Kurden, die die Sprache nie lernen durften und Alte, die die Sprache immer nur heimlich sprechen durften und daher viel verlernt haben.

Am nächsten Morgen nimmt uns Vater Dahab mit zu einem sogenannten Volksgericht, in dem er als Beisitzer arbeitet. Auch in diesem Gericht gibt es ein riesengroßes Porträt des in der Türkei einsitzenden PKK-Chefs Abdullah Öcalan. Vom Westen wird er als Terrorist eingestuft, von Kurden fast wie ein Heiliger verehrt. In seinem Namen haben die Kurden solche Gerichte gegründet, Volksgerichte, in denen Laien wie Vater

Dahab Recht sprechen. Meist geht es um kleinere Fälle. Gott sei Dank; denn Recht gesprochen wird nach Gutdünken und nicht nach einem Gesetzbuch, gesteht der oberste Laienrichter, Mohamed Said:

»Gesetze haben wir keine, wir folgen der Moral unserer Bewegung. Wir sind die Regierung hier. Aber wirklich helfen können wir den Menschen nur selten«, schränkt er freimütig ein und zuckt mit den Achseln.

Fahrt an die syrisch-türkische Grenze. Immer wieder werden wir von Milizen der PYD angehalten und kontrolliert. Diese Bruderpartei der PKK hat in ihrem Gebiet ein engmaschiges Netz von Kontrollposten und Patrouillen eingerichtet. Die jungen PYD-Kämpfer gelten als gut trainiert und diszipliniert. Misstrauisch wirken sie und nervös, als sie unseren Kofferraum durchsuchen. Offensichtlich rechnen sie mit Angriffen und Anschlägen.

»Die Türkei hetzt die arabischen Rebellen gegen uns auf«, erklärt uns unser Begleiter.

Dass die PYD-Kurden die Türken provozieren, wo immer es geht, führen sie uns stolz in der Provinzhauptstadt Qamishli vor. Direkt an der Grenze haben sie an besonders hohen Masten ihre grün-rot-gelben Fahnen gehisst. Auf der anderen Seite soll schon weitem erkannt werden, wer hier das Sagen hat. Für die Türkei jenseits der Grenze natürlich fast eine Kriegserklärung, droht doch hier ein PKK-Staat zu entstehen. In ihren Augen also ein Staat von Terroristen, der die Türkei bedroht.

Sicher ist, es entsteht hier ein Staatsgebilde, in dem Jugendliche in parteieigenen Jugendhäusern auf Kampf eingeschworen werden. Märtyrer schmücken die Wände des Hauses, das wir besuchen können. Und natürlich wieder Öcalan – das große Idol. Wir treffen die PYD-Jugend am Abend. Die Hitze hat etwas nachgelassen. Jungen wie Mädchen sitzen zusammen unter dem Vordach des Hauses. Die Mädchen ohne Kopftuch. Islam spielt bei der PYD keine entscheidende Rolle. Von ihnen wollen wir wissen, was sie von den sunnitischen Rebellen halten, von dem Bürgerkrieg im arabischen Teil des Landes. Unter ihnen auch der jüngste Sohn von Vater Deham Ali, unserem Gastgeber. Ist der Kampf der arabischen Syrer auch ihr Kampf? Jungen wie Mädchen haben eine klare Meinung, die Meinung der Partei:

»Wenn Assad stürzt, nützt uns das überhaupt nichts. Wir haben mit den Rebellen nichts zu tun. Wir wollen unsere Autonomie. Notfalls müssen wir dafür kämpfen, auch gegen sie«, sagt zum Beispiel Sohn Judi Deham Ali.

»Genauso ist es. Wir wollen unsere Autonomie, die uns auch die Rebellen nicht geben wollen. Wir müssen auf alle Fälle gegen Damaskus weiterkämpfen«, bestätigt eines der Mädchen:

»Wir werden ein Großkurdistan haben, dafür kämpfen wir schon lange. Unsere Verteidigungsstreitkräfte sind gut gerüstet.«

Zu sehen bekommen wir die nicht. Möglicherweise wird dieser militärische Arm der PYD sogar von Assad aufgerüstet, ist die Waffenbrüderschaft zwischen PYD und PKK doch gegen die Türkei gerichtet. Auf einen Krieg gegen die von der Türkei unterstützten Rebellen wurden die Jugendlichen schon damals eingeschworen.

Ein dreiviertel Jahr später hat dieser Krieg im syrischen Bürgerkrieg tatsächlich begonnen. Immer häufiger kommt es 2013 zu Zusammenstößen zwischen der Miliz der PYD und radikalen Kämpfern islamistischer Brigaden wie der Al-Nusra-Front. Mehrere Tage lag im Juli 2013 die Grenzstadt Ras al Ayn im Dauerfeuer der Milizen. Mal wieder. Im Februar hatten PYD und arabische Aufständische schon einmal erbittert um diesen Grenzort gekämpft, bis es dem Oppositionellen Michel Kilo gelungen war, einen Waffenstillstand zu vermitteln. Einen offensichtlich zu brüchigen. Am 18. Juli war es soweit. Kurdische

Kämpfer der PYD eroberten die mehrheitlich von Kurden bewohnte Stadt und vertrieben die islamistischen Rebellen der Al-Nusra-Front, die den Grenzort seit November 2012 besetzt hatten. Dieser Grenzübergang war wichtig für den Nachschub der Aufständischen in den Norden Syriens. Der Türkei wirft die PYD vor, die Al-Qaida-Milizen mit Waffen und mit militärischer Aufklärung versorgt zu haben. Türkische Drohnen, so berichten auch unabhängige Beobachter, würden immer wieder über diesem Öcalanland kreisen und jede militärische Bewegung genau registrieren. Die Türkei wie auch die arabischen Aufständischen beschuldigen die PYD-Kurden, sie hätten letztendlich die Aufständischen an Assad verraten und würden in ihrem Gebiet sein Geschäft besorgen, schließlich schnitt die PYD-Miliz die Rebellen von einem ihrer Nachschubwege ab.

Dass Tayyib und Baschar nach diesen Entwicklungen jemals wieder zusammen baden gehen werden, ist höchst unwahrscheinlich.

4 Das Alte am Ende?

»Wir durchlebten viele Leben während dieser verwirrenden Feldzüge und haben uns selbst dabei nie geschont; doch als wir siegten und die neue Welt dämmerte, da kamen wieder die alten Männer und nahmen unseren Sieg, um ihn der früheren Welt anzupassen, die sie kannten. Die Jugend konnte siegen, aber sie hatte nicht gelernt, den Sieg zu bewahren; und sie war erbärmlich schwach gegenüber dem Alter. Wir dachten, wir hätten für einen neuen Himmel und für eine neue Welt gearbeitet, und sie dankten uns freundlich und machten ihren Frieden.«

Vor bald hundert Jahren ist dieser Text entstanden, geschrieben 1921 als düstere Lebensbilanz eines gebrochenen Mannes. Eine große Revolution hatte er gewollt, zu einer mittleren Revolte hatte es am Ende gerade mal gereicht. T.E. Lawrence hieß er. Als Lawrence von Arabien ist er in die Geschichte des Nahen Ostens und Hollywoods eingegangen. Zweifellos ein Politromantiker und Wüstenfantast, der im Ersten Weltkrieg mit seinen Beduinenkriegern erfolgreich mitgeholfen hat, das Heer der Osmanen aus den arabischen Ländern zu vertreiben. Ein neues Arabien sollte entstehen, ausschließlich beherrscht von den Arabern selbst, also unabhängig von den westlichen Kolonialmächten. Davon träumte der junge britische Offizier, der sich im weißen Burnus wohler fühlte als in der steifen Uniform britischer Offiziere.

Sein Leben hatte er für die Selbstbestimmung der arabischen Stämme eingesetzt, für deren Wunsch, nicht mehr gegängelt zu werden von fremden Herrschern. Weder von den Osmanen noch den Franzosen oder den Engländern. Sie wollten nicht länger nur Spielball ausländischer Interessen sein. Nicht mehr hin- und hergeschoben werden wie Figuren auf einem Schachbrett, keinen fremden Vormund mehr haben, sondern selbst Vormund sein. Das war die neue Welt, die Lawrence 1919 nach der Eroberung von Damaskus aufdämmern gesehen hatte, wenn auch nur für einen kurzen Augenblick.

Dass es anders kommen musste, ahnte auch Lawrence schon damals, nur gewarnt hatte er seine arabischen Freunde nicht. Die vertrauten seinen Versprechen vom arabischen Reich und glaubten an eine große Zukunft. Hatten sie doch nicht nur von dem einfachen Leutnant Lawrence, sondern auch von Henry MacMahon, dem britischen Hochkommissar von Ägypten, das feste Versprechen, nach der Zerschlagung des Osmanischen Reichs in die Unabhängigkeit entlassen zu werden. Tatsächlich hatte sich aber schon während des Krieges abgezeichnet, dass die Kolonialmächte Großbritannien und Frankreich ihre Ansprüche auf die arabische Welt nicht aufgeben würden. Was zählten da schon ein paar Beduinen, denen man mehr als nur ein Königreich unter Fremdherrschaft versprochen hatte. Was zählten britische Ehrenworte und die Opfer, die die Wüstenkrieger gebracht hatten. Was ist schon ein gebrochenes Versprechen, verglichen mit dem vielen Öl unter dem Wüstensand und dem Suezkanal als Verbindungsweg nach Asien? Das war das einzige, was damals für die Sieger des Ersten Weltkriegs zählte. Und genau darüber beklagte sich schon Lawrence in seinem Buch »Die sieben Säulen der Weisheit«.

»Verrat an den arabischen Völkern«

Und diese Alten hatten sogar Namen. Mr. Sykes und M. Picot. Mark Sykes, ein britischer Diplomat und sein Kollege François Georges-Picot. Sie hatten im Auftrag ihrer Regierungen schon 1916 in einem Geheimabkommen festgelegt, wie der Nahe Osten nach einem Zusammenbruch des Osmanischen Reiches unter den beiden Kolonialmächten Frankreich und Großbritannien aufgeteilt werden sollte.

Der nach dem Ersten Weltkrieg gegründete Völkerbund, ein Vorläufer der Vereinten Nationen, setzte Großbritannien und Frankreich als politischen Vormund über Provinzen der arabischen Welt ein, die früher zum Osmanischen Reich gehört hatten. London beanspruchte als Mandat Jordanien und Palästina, Frankreich bekam Syrien und den Libanon zugesprochen. Die Grenzen dieser Mandatsgebiete wurden mit dem Lineal gezogen, was man heute noch besonders drastisch an den Grenzen Jordaniens erkennen kann. Auch der östliche Nachbar des Haschemitenreichs ist ein solches Kunstgebilde. Aus drei osmanischen Provinzen hatten britische Offiziere ein Riesenreich zusammengebacken und es Irak genannt. Die Menschen, die dort lebten, hatten sie allerdings nicht gefragt. Und sich selbst hatten diese kolonialen Staatengründer offensichtlich auch nicht gefragt, ob Kurden, Schiiten und Sunniten tatsächlich einen gemeinsamen Staat bilden können, ob es nicht sinnvoller wäre, Stammesgrenzen und Siedlungsgebiete der Menschen zu berücksichtigen. Nicht nur der Irak leidet jedenfalls heute noch unter dieser Arroganz der britischen Kolonialbürokratie.

Dieses Sykes-Picot-Abkommen war die Grundlage für die postkoloniale Ordnung im Nahen Osten, die bis in die Gegenwart gehalten hat. Mehr schlecht als recht; denn keines dieser arabischen Länder, die die beiden Kolonialmächte spätestens nach dem Zweiten Weltkrieg in die Unabhängigkeit entlassen mussten, entwickelte sich zu einer Demokratie, in keinem der Länder hatte die Bevölkerung jemals so etwas wie ein Mitspracherecht bei der Gestaltung ihrer Zukunft. Alle – vom Libanon vielleicht einmal abgesehen – wurden von Diktatoren beherrscht, oft mit roher Gewalt, weil sie so mit Macht zusammenhielten, was nicht unbedingt zusammengehörte. Häufig gehörten diese Despoten zu eben jenen Religionsgruppen oder Ethnien, mit deren Hilfe die Kolonialmächte geherrscht hatten und die sich auch später als die neuen Machthaber durchsetzten.

Die arabischen Beduinenfürsten hatten im Ersten Weltkrieg durch einen Zufall von diesem eigentlich geheimen Abkommen zwischen Frankreich und Großbritannien Wind bekommen. Dem russischen Zaren lag das Abkommen vor. Er sollte eingebunden werden, da man seine Zustimmung für die Neuordnung in seinem Vorgarten brauchte. Als jedoch die Bolschewiken nach der Oktoberrevolution eine Kopie des Abkommens fanden, veröffentlichten sie diesen »Verrat an den arabischen Völkern«.

Und noch einen Verrat hatten die Briten in den Augen der Araber begangen. Der britische Außenminister Lord Balfour hatte am 2. November 1917 den Führern der ›Zionistischen Weltorganisation‹ das Recht zugesagt, in Palästina »eine Heimstatt für das jüdische Volk zu errichten«, in einem Land also, das eigentlich Arabern gehörte und von Arabern besiedelt war. Damit hatte er den Grundstein für den heute noch andauernden Palästinakonflikt zwischen Israel und den Arabern gelegt.

Mit anderen Worten: Die vielen Konflikte, die heute noch im Nahen Osten häufig blutig ausgetragen werden, haben ihren Ursprung im Ersten Weltkrieg. Lawrences alte Männer haben damals also ein Erdbeben ausgelöst, dessen Erschütterungen heute noch zu spüren sind.

Immer wieder hatte es in der Vergangenheit Versuche gegeben, diese aufgezwungene Nachkriegsordnung von Sykes-Picot abzuschütteln. Beispielsweise die Aufstände der Iraker gegen die Briten und den von ihnen eingesetzten irakfremden König, der dem aus dem saudischen Mekka und Medina entstammenden Clan der Haschemiten angehörte. Schon kurz nach der Ernennung Feisal I. am 23. August 1921 begann sich die Bevölkerung gegen diesen ihnen fremden Staat zu erheben. Mit Söldnertruppen und eigenen Soldaten mussten die Briten die Rebellion blutig niederschlagen. Sogar Chemiewaffen setzten sie gegen die schlecht gerüsteten Freischärlerverbände der Iraker ein. Die britische Luftwaffe warf mit Giftgas gefüllte Kanister über Dörfern ab, in denen sie Aufständische vermutete. Ein halbes Jahrhundert vor dem Chemiewaffenangriff Saddam Husseins gegen das kurdische Städtchen Halabscha setzten die Briten also selbst Chemiewaffen im Irak ein.

Syrien – teile und herrsche

Auch die Syrer leisteten Widerstand gegen die französischen Besatzer, die allerdings zunächst einen anderen Weg gingen. Sie entschieden sich für das Prinzip ›teile und herrsche‹. Sie formten Kleinstaaten aus ihrem Mandatsgebiet, an deren Spitze aber französische Verwaltungsbeamte standen. Unter anderem einen eigenen Staat für die Alawiten mit eigener Fahne und klaren Grenzen, über die Politik entschied aber ein französischer Gouverneur. Sie hofften, diese Minderheit für die eigene Kolonialherrschaft einspannen zu können, da sich die sunnitische Mehrheit weitestgehend einer Zusammenarbeit verweigerte. Das mag auch ein Grund gewesen sein, warum die Franzosen nach vier Jahren schon alle Teilstaaten wieder auflösten und zu einer großen französischen Verwaltungseinheit zusammenfassten. Nur der Alawitenstaat blieb.

Dieses sicher nicht sehr lebenstüchtige Gebilde am Mittelmeer hatte der religiösen Minderheit der Alawiten immerhin einen begrenzten Schutz vor Verfolgung durch die sunnitische Mehrheit gegeben. Außerdem boten die Franzosen den Alawiten Aufstiegschancen in der Armee. Allerdings mussten sie mithelfen, den Widerstandsgeist der unbotmäßigen Sunniten zu brechen. Die Franzosen förderten daher die Alawiten, wo es nur ging, um sich ihrer Loyalität zu versichern. Der Hass der religiösen Mehrheit war dieser religiösen Minderheit demnach sicher. So war es dann auch kein Wunder, dass sich die Alawiten in den dreißiger Jahren des letzten Jahrhunderts mit Händen und Füßen gegen eine geplante Fusion mit dem von Sunniten dominierten Mandatsgebiet wehrten. Der Großvater des gegenwärtigen Präsidenten, Suleiman al-Assad, schrieb 1936 zusammen mit anderen führenden Alawiten in einem Brandbrief an den französischen Präsidenten Leon Blum:

»Der Geist von Hass und Fanatismus im Herzen der arabischen Muslime lässt sie jeden Nichtmuslim ablehnen. Da diese Haltung vom Islam ständig genährt wird, gibt es keine Hoffnung, dass sich daran etwas ändert.«

Die Unterzeichner fürchteten in einem Großsyrien als Minderheit von der sunnitischen Mehrheit wieder einmal verfolgt zu werden, sobald ihre Schutzmacht Frankreich aus Syrien abziehen sollte. In der Vergangenheit hatten sie immer wieder solche Repressionen ertragen müssen. Die Sunniten, von denen der Widerstand gegen die Franzosen ausging, sahen in ihnen ja nicht nur Ungläubige, sondern auch wegen ihrer engen Kontakte zu den Franzosen Verräter. Tatsächlich kam es nach dem Ende des kolonialen Völkerbundmandats 1944 immer wieder zu Rachefeldzügen sunnitischer Extremisten gegen alawitische Dörfer. Erst seit sich der Alawit Hafiz al-Assad 1970 an die Macht im Staat geputscht hatte, fühlen sich seine Glaubensbrüder in Syrien sicher.

Verraten und verkauft

Mit noch einer anderen weitreichenden Entscheidung hatten die Franzosen gegen Ende ihrer Mandatszeit den Zorn der sunnitischen Araber auf sich gezogen und den Keim für zukünftige Konflikte gelegt.

Am Vorabend des Zweiten Weltkriegs sorgten sich die Franzosen, die Türkei könne auf der Seite der deutschen Nazis in den drohenden Krieg eingreifen. Die im Mandatsgebiet Syrien stationierten französischen Streitkräfte wären aber zu schwach gewesen, einen solchen türkischen Angriff abzuwehren. Daher ließen sich die Franzosen auf einen Tauschhandel ein: Gebietsabtretung gegen Sicherheit. Die Türkei beanspruchte nämlich ein Gebiet westlich von Aleppo nahe der syrisch-türkischen Grenze, in dem zwar mehrheitlich Araber lebten, aber auch eine stattliche türkische Minderheit. In der osmanischen Zeit war das Zusammenleben selten ein Problem gewesen. Doch während der französischen Mandatszeit nach dem Ersten Weltkrieg war es in diesem Alexandrette genannten Bezirk immer wieder zu blutigen Auseinandersetzungen zwischen der arabischen Mehrheit und der türkischen Minderheit gekommen, möglicherweise geschürt aus der Türkei. Obwohl tausende Syrer in Städten wie Damaskus oder Aleppo gegen die Abtretungspläne protestierten, verzichtete 1939 die Kolonialmacht Frankreich endgültig auf dieses Gebiet und überließ es der Türkei. Der türkische Präsident Mustafa Kemal Atatürk nahm das Geschenk dankend an und ließ seine Armee einmarschieren, begeistert begrüßt von den Minderheitstürken. Die arabische Mehrheit reagierte geschockt auf diesen Gebiets- und Menschenhandel. Sie fühlte sich verraten und verkauft, gefragt hatte sie niemand vor dem Tauschgeschäft. Tausende Araber flohen vor der türkischen Armee in das französische Mandatsgebiet.

Anerkannt hat Syrien diese Gebietsabtretung bis heute nicht. Das hatte in den letzten Jahrzehnten immer wieder zu Spannungen zwischen der Türkei und Syrien geführt, zumal dort nach wie vor eine große alawitisch-arabische Minderheit lebt. Vielleicht auch deshalb hatten die Attentäter vom 11. Mai 2013 die in dieser umstrittenen südtürkischen Provinz gelegene Stadt Reyhanli als Anschlagsziel ausgesucht. 51 Menschen kamen durch die Autobomben damals ums Leben, 140 wurden verletzt. Verdächtigt wird unter anderem die Nusra-Front, also sunnitische Extremisten, die Alawiten unversöhnlich bekämpfen.

Auch bei den Spannungen in diesem Grenzgebiet – einer der Konflikte im Nahen Osten – gehen die Ursprünge bis in die Zeit unmittelbar nach dem Ersten Weltkrieg zurück. Die Herren Sykes und Picot also eine Art Brandstifter mit Langzeitwirkung: Ihr Abkommen von 1916 war ein Brandbeschleuniger mit Mehrfachzünder.

Hundert Jahre später – Syrien

Der Abzug der Kolonialmächte nach dem Zweiten Weltkrieg brachte den Menschen nicht die erhoffte Befreiung von autoritärer Herrschaft. Statt von Europäern wurden die Syrer, Iraker und all die anderen arabischen Staaten nach und nach von einheimischen Militärherrschern geknebelt, den Nassers, Assads oder Gaddafis. Ihre Politik war der Anti-Kolonialismus, ihre Ideologie nannte sich »arabischer Sozialismus« oder Panarabismus. Sie ließen sich von ihrer Bevölkerung als Befreier vom kolonialen Joch umjubeln und fast wie Erlöser feiern. Wer sich dieser Quasi-Anbetung allerdings verweigerte, musste teuer bezahlen. Gefängnis, Folter und Todesurteile gehörten seit den fünfziger Jahren in vielen dieser Länder zum Alltag. »Die Republik der Angst« nannte der irakische Schriftsteller Samir al-Khalil den Irak Saddam Husseins in einer brillanten Analyse, von einer »Mauer der Angst« sprechen Oppositionelle in Syrien.

Zum Alltag der Menschen in den meisten Ländern des Nahen Ostens gehören auch Zensur und Gleichschaltung der Medien. Diese mussten militärische Niederlagen oft genug zu Siegen umschreiben, manipulierte Wahlen als die wahre Demokratie preisen oder Kritik aus dem Ausland als unzulässige Einmischung in die inneren Angelegenheiten des Landes brandmarken. Die Propagandamaschinen liefen auf Hochtouren jeden Tag. Eine Gegenöffentlichkeit gab es so gut wie nicht und wenn, dann meistens im Exil. Um heimische Opposition zu ersticken, hatten die Regime nahezu perfekte Spitzelsysteme aufgebaut nach den Vorbildern und unter der Anleitung der DDR oder der Sowjetunion. Auch die CIA half kräftig mit, wenn Bedarf war. Und Bedarf war fast immer. Denn die zunehmende Globalisierung sorgte immer häufiger dafür, dass mehr Informationen ins Land kamen, als den Herrschenden lieb war.

In Syrien hatte Baschar al-Assad zwar den Aufbau eines Internet-Netzes gefördert, Meinungsfreiheit aber nicht zugelassen. Die Menschen lebten also in einem großen Gefängnis, in dem sie die bunten Bilder und Nachrichten von einer Welt draußen per Internet empfangen konnten. Hätte er sein Machtmonopol und das seines Clans aufgegeben und seinem Volk mehr Mitsprache eingeräumt, dann wäre vermutlich das System Assad schnell zusammengebrochen. Zum Erbe, das er von seinem Vater übernommen hatte, gehörte auch das Massaker von Hama 1982. Damals beendete Hafiz al-Assad eine Terrorkampagne der syrischen Muslimbrüder, in dem er ihre Hochburg, die Stadt Hama, komplett zerstören ließ. 20 000 Menschen sollen damals ums Leben gekommen sein. Aber nicht nur die Herrschaft des Assad-Clans wäre zerbrochen, mit ihr auch die von den Franzosen begünstigte Vorherrschaft der Alawiten in Syrien. Dafür hätte sicherlich die sunnitische Mehrheit des Landes gesorgt. Die Herrschenden haben sie zu oft gedemütigt, haben Versprechen gebrochen. ›Die da oben‹ waren allzu gut als korrupt und raffgierig bekannt, selbst nach oben zu kommen war fast unmöglich und nur um den Preis, die Vormacht der Minderheit anzuerkennen. Alle diese Erfahrungen haben nicht nur die Syrer machen müssen, genauso die Ägypter, Tunesier und die Menschen in anderen arabischen Ländern. Sie haben mit zu den Aufständen in Tunesien und Ägypten und zum Bürgerkrieg in Syrien geführt und lassen kaum noch Raum für Kompromisse.

Heute, fast hundert Jahre nach dem britisch-französischen Abkommen, sieht es eher so aus, als werde sich diese künstliche Ordnung der ehemaligen Kolonialmächte wieder zerlegen in die Kerngebiete der Religionen und Ethnien. Das alte Alawiten-Gebiet entlang des Mittelmeers, das über einen Korridor mit der Hauptstadt Damaskus verbunden ist, für die Alawiten. Dort können sie sich eingraben und einen Sunnitensturm überstehen.

Die syrischen Kurden beanspruchen den Osten des Landes als autonomes Kurdistan. Das Zentrum und der Norden Syriens werden vielleicht den Sunniten vorbehalten bleiben. Ein Syrien also aufgeteilt in Kantone, die sich spinnefeind sind. Insofern schlechte Voraussetzungen für eine friedliche Zukunft des Landes. Hinzu kommt: Alawiten leben inzwischen über das ganze Land verstreut. In Damaskus gibt es von Alawiten geprägte Stadtteile, in Homs leben sie mit einer anderen Minderheit, den Christen, in einem Stadtteil Haustür an Haustür. In Aleppo wird der alawitische Stadtteil von den Aufständischen immer wieder angegriffen. Ein großer Teil der Alawiten lebt also weit entfernt von ihrem ursprünglichen Siedlungsgebiet am Mittelmeer. Wer daran denkt, Syrien in ethnische und religiöse Kantone aufteilen zu können, um so den Bürgerkrieg zu beenden, der muss fast zwangsläufig neue Vertreibungen, vielleicht sogar Massaker in Kauf nehmen. Wer verlässt schon gerne das Dorf oder den Stadtteil, in dem er aufgewachsen ist? Flüchtlinge und Vertriebene werden zur Bürde jener, die sie aufnehmen sollen. Niemand, der in einem ärmlichen Dorf lebt, teilt gerne auf Dauer mit Menschen in Not, selbst wenn sie zur eigenen Religion oder Ethnie gehören. Außerdem ist es wenig wahrscheinlich, dass demokratische Staaten in solchen Kantonen entstehen. Es werden sich eher Herrschaftsgebiete von Stammesfürsten und Kalifate von selbst ernannten Emiren herausbilden, die sich untereinander bekämpfen.

Ähnlich sieht es auch bei den syrischen Kurden aus. Sie haben zwar im Nordosten des Landes ihr geschlossenes Siedlungsgebiet und versuchen es freizukämpfen von der Zentralregierung in Damaskus und den arabischen Rebellen in Nordsyrien. Doch allein in Damaskus leben über eine Million Kurden, die möglicherweise in das Kurdengebiet zurückdrängen oder gedrängt werden. Nicht unbedingt nur zur Freude der dort schon lebenden Kurden. Und ob die Türkei einen solchen autonomen Staat lange hinnehmen wird, ist mehr als fraglich. Schließlich könnte er Vorbild sein für die eigenen Kurden.

Hundert Jahre später – Irak

Auch in den Nachbarstaaten lässt sich schon seit Jahren der Zerfall der alten von den Kolonialmächten geschaffenen Ordnung beobachten. Aus drei osmanischen Provinzen, Mosul, Bagdad und Basra, hatten die Briten 1920 den Irak zusammengebackenen und Feisal I, einen der Söhne des Scherifen Hussein von Mekka, als König eingesetzt. Keine sehr glückliche Wahl für das Land; denn Feisal I hatte als Nicht-Iraker keine eigene Hausmacht, war also auf die Unterstützung der Briten angewiesen. Außerdem war die von den Briten bestimmte Übergangsregierung von Sunniten dominiert, obwohl die Mehrheit der Bevölkerung Schiiten sind. Diese Vorherrschaft der Sunniten, die schon zur Zeit des Osmanischen Reichs bestanden hatte, hielt sich bis zum Sturz von Saddam Hussein.

Grob gesagt leben in diesem Staat auch heute noch im Norden die Kurden, im Zentrum die Sunniten und im Süden und Osten die Schiiten. Bis 2003 hatte die Diktatur Saddam Husseins das Land zusammengezwungen und mit Hilfe der Geheimdienste, Gefängnisse und Giftgas geherrscht. Heute haben sich im Norden die Kurden praktisch schon losgelöst von der neuen schiitischen Zentralregierung in Bagdad. Sie haben in-

Muslimbrüder

Hassan al-Bana, der 1928 die Muslimbruderschaft gegründet hatte und bis zu seiner Ermordung 1949 ihr Oberster Führer blieb, verlangte von seinen Anhängern unbedingten Gehorsam:

»Mit Gehorsam meine ich volle Einhaltung der Befehle der Führung und sofortige Ausführung dieser Befehle im Schwierigen wie im Guten, gleich ob ihre Ausführung Euch gefalle oder missfalle.«

Die Ideenwelt der Muslimbrüder, die von einem starken Schwarz-Weiß- und Gut-Böse-Denken und einer moralisierenden Weltsicht geprägt ist, fasste al-Bana so zusammen:

»Allah ist unser Ziel. Der Prophet unser Vorbild. Der Quran ist unsere Verfassung. Der Djihad ist unser Weg. Der Märtyrertod auf dem Pfad Gottes ist unsere größte Hoffnung.«

Diese Zitate stammen zwar aus der Anfangszeit der Muslimbruderschaft, sie gelten aber bis in die Gegenwart und spielen auch heute noch eine aktive Rolle im Denken der Muslimbruderschaft.

zwischen ihre eigene Armee aufgestellt, die unter anderem ihre Grenze mit dem arabischen Teil des Iraks schützen soll. Dort kommt es immer wieder zu Scharmützeln zwischen den kurdischen Peschmergas und der regulären irakischen Arme. Einer der Gründe: Die Kurden beuten das auf ihrem Gebiet gefundene Öl selbst aus, haben Verträge mit Ölfirmen, die die Zentralregierung in Bagdad für illegal erklärt. Sie verkaufen ihr Öl ohne Absprache mit der Zentralregierung, die das irakische Öl selbst vermarkten will. Bis 2019 will das kurdische Ölministerium etwa zwei Millionen Barrel pro Tag fördern und verkaufen. Eine eigene Pipeline in die Türkei wird schon gebaut. Das Land wird von zwei kurdischen Familien regiert, die sich nur wenig um die Zentralregierung kümmern. Zudem sit-

Die Muslimbruderschaft ist dabei sich zu ändern – der Gewalt haben sie schon in den siebziger Jahren abgeschworen. In diesem Punkt unterscheiden sie sich zum Beispiel deutlich von der Hamas. Der Kommandostil und auch der Führerkult sind nicht eben beliebt bei Ägyptens Jugend.

Wegen ihrer Wohlfahrtsprogramme waren sie in der Bevölkerung angesehen. Sie behandeln in eigenen Krankenhäusern die Armen billiger und besser als staatliche Krankenhäuser. Außerdem konnten die Armen in Ägypten (etwa vierzig Prozent der Bevölkerung leben am Rande oder unter dem Existenzminimum) immer mit ihrer Hilfe rechnen, durften allerdings auch deren islamistische Ideologie zumindest nicht in Frage stellen.

Die Hamas im Gazastreifen wurde von den ägyptischen Muslimbrüdern gegründet. Diese unterhalten wiederum enge Verbindungen zur ›Islamic Action Front‹ in Jordanien und zu ihren syrischen Muslimbrüdern.

zen noch kurdische Abgeordnete im irakischen Parlament, können also auch dort Politik mitbestimmen. Der Präsident des Irak ist ein Kurde, also oberster Repräsentant eines Landes, aus dem die Kurden sich schon verabschiedet haben.

Im Zentrum des Landes haben 2013 die Anschläge sunnitischer Extremisten gegen schiitische Wohngebiete wieder dramatisch zugenommen. Allein von Januar bis Ende Juli starben 4137 Menschen, über 7000 wurden verletzt, während des Ramadan, eigentlich einer Zeit des Friedens, starben mindestens 300 Iraker bei Anschlägen mit Autobomben und Selbstmordattentätern, im August, nur einen Monat später, sogar 800. Auch im rein schiitischen Basra und Kerbala kommen Menschen durch Autobomben ums Leben. Zu den meisten dieser Terroranschläge haben sich Ableger der Gruppe der sunnitischen *Al-Qaida im Zweistromland* bekannt, der es im Juli 2013 sogar gelungen war, bei einer spektakulären Aktion über 500 Terroristen aus zwei Gefängnissen zu befreien. Das irakische Innenministerium spricht inzwischen von »einem offenen Krieg konfessioneller Kräfte«. Die Polizeikräfte des Ministeriums und das Militär sind auch ein halbes Jahr nach Abzug der Amerikaner nicht in der Lage, für Sicherheit im Land zu sorgen.

Seinen Anteil an dieser Entwicklung hat auch der schiitische Ministerpräsident Nuri al-Maliki, der mit einer instabilen schiitischen Mehrheit im Parlament regiert. Versöhnung zwischen den verfeindeten Konfessionen wäre das Gebot der Stunde gewesen, spätestens nach dem Abzug der amerikanischen Truppen im Dezember 2011. Nur so ließe sich das Land stabilisieren. Doch statt nach Versöhnung mit der sunnitischen Minderheit zu suchen, gießt Maliki lieber Öl ins irakische Feuer: Er grenzt sunnitische Politiker aus und lässt sie wie im Fall des Vizepräsidenten Tariq al-Hashemi sogar von der Justiz verfolgen oder versucht sie als Anhänger von Saddam Hussein und der verbotenen Baathpartei zu diffamieren. Sunnitische

Gegendemonstrationen lässt er brutal niederknüppeln. Im April hatten Polizei und Militär eine sunnitische Protestversammlung zerschlagen mit Dutzenden von Toten. Inzwischen verlangen sunnitisch dominierte Provinzen einen ähnlich autonomen Status, wie ihn sich die Kurden erstritten haben. Der Graben zwischen den Religionen vertieft sich zunehmend im Irak, obwohl diese Autonomiebestrebungen zunächst nichts mit den Konfessionen zu tun hatten. Auch Provinzen mit schiitischer Mehrheit verlangen mehr Unabhängigkeit von der Zentralmacht in Bagdad. Premierminister Nuri al Maliki macht in keine Richtung Zugeständnisse. Allerdings unterwerfen sich schiitische Provinzgouverneure eher diesem Diktat des schiitischen Regierungschefs als sunnitische, die sich zunehmend als Bürger zweiter Klasse fühlen.

Letztendlich hält al-Maliki an der Herrschaftsform fest, die die britischen Gründerväter des Landes 1920 eingerichtet hatten und die dann von Saddam Hussein zementiert wurde: Eine Konfession dominiert die anderen im multikonfessionellen Irak und schließt diese von wichtigen politischen Prozessen aus. Bis 2003 waren die Sunniten die dominierende Konfession. Der einzige Unterschied heute also: Im neuen Irak sind die Dominierenden diesmal die Schiiten, zum ersten Mal in der Geschichte des Landes. Sunniten fühlen sich an den Rand gedrängt, isoliert, von jeder politischen Teilhabe ausgeschlossen. Die Machtbesessenheit und Sturheit al-Malikis führt letztendlich wohl zu einem Bruch zwischen den Konfessionen. Ein Krieg der Religionen wird damit im Irak immer wahrscheinlicher. Im Nachbarland Syrien ist ein solcher Krieg längst ausgebrochen. Die irakische Regierung verhält sich in diesem Konflikt nicht neutral, sondern ergreift Partei und gerät so immer mehr in den Sog dieses Bürgerkriegs. Der Schiit Maliki unterstütz den Alawiten Assad, die sunnitische Minderheit die sunnitischen Aufstände jenseits der Grenze. Und aus dem Irak strömen immer mehr Djihadisten an die syrische Front. Kehren sie in ihre Heimat zurück, dann sind sie so etwas wie die kampferprobte Speerspitze der sunnitischen Extremisten gegen die schiitische Bevölkerung.

Wie lange die schleichende Erosion dieser Staaten dauern wird, lässt sich im Augenblick kaum sagen. Auch nicht, welche Staaten noch in diesen Strudel mit hineingesogen werden können. Und schon gar nicht, wann es wieder stabile Ordnungen in dieser so wichtigen Weltregion geben wird. Sagen lässt sich nur so viel: Der syrische Bürgerkrieg strahlt gefährlich auf die Nachbarstaaten ab. Der Flächenbrand hat schon begonnen, wenn auch noch auf kleiner Flamme.

Gefährdet sind von diesem Zerfall auch Länder wie der Libanon, den im Augenblick wohl mehr die Angst vor einem neuen Bürgerkrieg notdürftig zusammenhält als die Fähigkeit staatlicher Institutionen. Der Zedernstaat ist ebenfalls gespalten in Sunniten und Schiiten, die sich immer unversöhnlicher gegenüberstehen. Besonders deutlich wird dies in der Hafenstadt Tripoli. Genauso wie im benachbarten Syrien und im Irak ist der Libanon gespalten in Schiiten und Sunniten. Die sunnitischen Parteien des Libanon hatten in den letzten Jahren kontinuierlich an Einfluss verloren, die schiitische Hisbollah dagegen war immer stärker geworden. Die letzte Regierung des Sunniten Nadschib Miqati war eine von der Partei der Gotteskrieger installierte und geduldete.

Die Hisbollah hat sich offen auf die Seite Baschar al-Assads geschlagen, die sunnitischen Parteien und Bewegungen im Libanon helfen den Aufständischen in Syrien. Katar und Saudi Arabien investieren in die sunnitischen Unterstützer, der Iran in die Hisbollah und in die 20 000 Alawiten der Hafenstadt Tripoli, die auf dem Jabal Mahseen leben, einem Hügel hoch über der Stadt. Eingeschlossen ist dieser Hügel von dem Wohnviertel Bab el-Tebbaneh, in dem rund 200 000 Sunniten wohnen.

Auch wenn sie auf engstem Raum zusammenleben müssen, beide Religionsgruppen beobachten sich tagtäglich mit unverhohlenem Hass.

Die Straßen des alawitischen Hügels sind dekoriert mit überlebensgroßen Porträts von Hafiz al-Assad und seinem Sohn Baschar und geschützt durch Straßensperren, die Straßen des sunnitischen Viertels rund um den Hügel mit Bildern von Märtyrern geschmückt. Von jungen Männern also, die bei den regelmäßigen Straßenschlachten zwischen alawitischen Kämpfern oben und sunnitischen Bewaffneten unten ums Leben gekommen sind. Ausgebrannte Häuser gibt es auf beiden Seiten. An manchen Stellen leben die verfeindeten Libanesen nur dreißig Meter voneinander entfernt. Die Fenster solcher Häuser sind auf der dem Feind zugewandten Seite zugemauert bis auf schmale Schießscharten.

Einer der Islamistenführer Masem al-Mohammed am Fuß des Berges erklärte uns bei einem Besuch in seinem Viertel:

»Diese Alawiten da oben gehorchen anderen Mächten, die nichts mit unserem Staat zu tun haben. Sie sind keine guten Bürger. Sie gehorchen Baschar al-Assad, nicht dem Libanon. Wir trauen ihnen nicht. Außerdem haben Alawiten den Islam verraten.«

Und als wir dann den Hügel nach oben gefahren waren zu Ali Fidaa, einem jungen Alawitenpolitiker, bekamen wir zu hören:

»Diese Leute da unten wollen eine religiöse Spaltung. Sie exportieren ihre extremistischen Ideen in den Libanon und nach Syrien. Wir sind mit allen Kräften dabei, diesen Extremismus zu bekämpfen.«

Getrennt sind die beiden verfeindeten Gruppen durch eine rund um den Hügel führende Straße, deren Name nicht zynischer sein könnte. Sie heißt ›Syrian Street‹. Klein-Syrien mitten im Libanon. Versöhnung ausgeschlossen!

Besonders seit jenem 23. August 2013, als kurz nach Ende des Freitagsgebets vor zwei Moscheen in Tripoli zwei Autobomben explodierten. Die ersten Gläubigen waren gerade dabei, die Gotteshäuser zu verlassen, als die beiden Bomben sie zerrissen. Über vierzig Menschen kamen ums Leben. Hunderte Menschen wurden verletzt. Alle Opfer waren Sunniten. In beiden Moscheen hatten radikale Salafisten-Scheichs gepredigt, die schon in der Vergangenheit in ihren Brandreden immer wieder versucht hatten, junge Libanesen zum Kampf gegen Assad anzustacheln.

Wer steckt hinter diesem Anschlag? Vermutlich war er ein Racheakt für die mit 60 Kilogramm Sprengstoff gefüllte Bombe, die eine Woche zuvor ein Selbstmordattentäter in der Hisbollah-Hochburg Beiruts gezündet hatte. Über zwanzig Menschen starben bei diesem Anschlag, über 300 wurden verletzt. Damals hatte sich in einer Videobotschaft eine sunnitische Gruppe namens ›Brigade von Aisha‹ zu dem Anschlag bekannt. Dieser Anschlag sei die zweite Warnung an Hisbollahchef Hassan Nasrallah, sagte ein Maskierter in dem YouTube-Video.

Spätestens seit diesen beiden verheerenden Anschlägen mit über sechzig Toten und bald 600 Verletzten hat der syrische Bürgerkrieg den kleinen, ohnehin schon in normalen Zeiten nicht sehr stabilen, Libanon erreicht.

Oder Jordanien, das über eine halbe Million syrische Flüchtlinge aufgenommen hat, obwohl es kaum die eigene Bevölkerung mit genügend Wasser versorgen kann. Teilweise leben sie in einem der Flüchtlingslager, teilweise sind sie auf die großen Städte verteilt und hausen dort unter ärmlichsten Verhältnissen. Prostitution, Gewalt und Kriminalität machen sich breit. Die Spannungen mit der einheimischen Bevölkerung wachsen. Die Jordanier haben zum Beispiel immer weniger Verständnis, dass sie viel Geld für das knappe Gut Wasser bezahlen müssen, während die Flüchtlinge ihr Kontingent von den ausländischen

Hilfsorganisationen umsonst bekommen. Arbeitsfähige Flüchtlinge bieten sich auf dem jordanischen Arbeitsmarkt als Hilfskräfte an zu Dumpinglöhnen, die weit unter dem liegen, was ein Jordanier normalerweise verdient. Zehn Prozent der in Jordanien lebenden Menschen sind inzwischen Flüchtlinge aus Syrien. Überträgt man diese Zahl auf Deutschland, dann entspräche das einer Zahl von acht Millionen aus Syrien aufgenommenen Flüchtlingen und nicht 5 000, für die die Bundesregierung bereit ist die Grenzen zu öffnen. In Jordanien ist der Flüchtlingsstrom aus Syrien noch nicht abgerissen. Lange wird der selbst arme Wüstenstaat diesen Druck nicht mehr aushalten können. Im Hintergrund wartet die ›Islamic Action Front‹ auf ihre Chance. Das sind die jordanischen Muslimbrüder.

5   Der syrische Teufelskreis

Noch nie war die Lage in der arabischen Welt so zerbrech-
lich und angespannt wie heute. Das Alte scheint zu verschwinden. Dafür haben die Aufstände 2011 gesorgt. Unklar
ist aber, was als Neues kommt. Anfangs sah es für einen kurzen Augenblick so aus, als kämpften die Tahrirplatz-De-
monstranten für einen säkularen Staat. Doch stellte sich das
schnell mehr als Wunschtraum denn als Realität heraus. Zumindest in Tunesien und Ägypten war schon früh klar, dass
als Sieger nur die Muslimbrüder in Frage kommen, obwohl
sie sich erst spät den Aufständen angeschlossen hatten. Die
ersten freien Parlamentswahlen haben sie dann auch erwar-
tungsgemäß überwältigend gewonnen. In Ägypten zusammen mit den Salafisten mit einer Zweidrittelmehrheit. Zwei
Jahre später allerdings ist ihr Traum von der Macht wieder
zerplatzt. Das ägyptische Militär stürzt die frei gewählte Regierung der Muslimbrüder wegen anhaltender Proteste gegen den Präsidenten und seine gescheiterte Politik. In Tunesien ist die islamistische Enahda-Partei als stärkste Partei an
einer Regierungskoalition beteiligt. Aber auch hier wachsen
die Konflikte dem Land allmählich über den Kopf.

In Syrien ist aus den friedlichen Demonstrationen, mit
denen der Konflikt 2011 begonnen hatte, eine Art Stellvertreterkrieg geworden, der immer mehr die Züge eines Religions-
krieges annimmt. Schiiten gegen Sunniten, Katar und Saudi

Arabien gegen den Iran und schließlich ein Wettkampf zwischen Russland und den USA, den Putin durchaus gewinnen kann. Die friedlichen Demonstranten von einst sehen sich an den Rand der jüngsten syrischen Geschichte gedrängt, dabei hatten sie nur Respekt, Würde, politische Teilhabe und ein besseres Leben gewollt. Anfangs hatten sie sogar darauf verzichtet, den Rücktritt Assads zu fordern. Das kam erst später. Auf den frischen Wind aus Ägypten und Tunesien hatten sie 2011 gesetzt und müssen nun erleben, wie ihr Land in einen zerstörerischen Tornado gerät.

Vom arabischen Frühling zum blutigen Sommer

Wie ist diese nicht gerade positive Bilanz des arabischen Frühlings zu deuten? Hat sich der tunesische Gemüsehändler Mahmoud Bouazizi etwa am 17. Dezember 2010 vergeblich verbrannt? Blieben die Proteste, die er durch seine Verzweiflungstat ausgelöst hatte, erfolglos? Sind also die rund 200 Tunesier, die während der Proteste von der Polizei getötet wurden, umsonst gestorben? Womöglich auch die mehr als 850 meist jungen Ägypter, die 2011 auf dem Tahrirplatz ums Leben gekommen sind? Oder die über 1 000, die seit dem 14. August 2013 innerhalb von nur einer Woche ihr Leben verloren haben? Was ist mit den mehr als 100 000 toten Syrern? Alles vergeblich?

Für eine Endabrechnung ist es noch zu früh, also kann es höchstens eine Zwischenbilanz werden. Selbst das Ziel dieses versuchten Umbaus ist schwer zu beschreiben. Demokratie? Sicher, alle reden davon. Aber wie wird sie aussehen? Freiheit und Teilhabe, Respekt und Würde, Gerechtigkeit. Das sind Schlagworte, die man immer wieder als Antwort bekommt im Nahen Osten. Mit diesen Begriffen beschreibt auch der Koran die »beste aller Gemeinschaften«: Gott bestraft Hochmut, verlangt Achtung der Armen und verbietet Grausamkeit gegenüber den Schwachen. Abgerechnet wird allerdings erst am Tag des Jüngsten Gerichts und nicht schon jetzt im Diesseits, am Wahltag zum Beispiel. Alles auf gutem Weg? Bei weitem nicht.

Die scheinbar ähnlichen Konzepte der islamistischen und nicht-islamistischen Politiker stecken voller Widersprüche. Gerechtigkeit wollen beide. Allein – Salafisten und Muslimbrüder verstehen etwas ganz anderes unter einer gerechten Gesellschaft als Säkulare. Für die einen sind Frauen den Männern untergeordnet, weil der Koran es so will, für die anderen müssen sie gleichgestellt sein, wie es die international anerkannten Menschenrechte vorsehen. Für die einen sind Christen, Juden und andere Religionen mit den Muslimen gleichwertig, für die anderen sind Christentum und Judentum nur geduldete Buchreligionen, die Gläubigen aller anderen Religionen schlicht Ketzer. Die säkularen Bewegungen setzten auf Demokratiemodelle, die den europäischen zumindest ähnlich wären. Für die Islamisten war Demokratie nur ein Mittel zum Zweck. Mit Hilfe ihrer überwältigenden Mehrheit im ägyptischen Verfassungsrat hatten sie eine in der Nähe der Scharia angesiedelte Verfassung durchgepeitscht. Sie sollte die Grundlage sein für den Umbau Ägyptens in einen islamistischen Staat. Wegen dieses »Verrats am Tahrirplatz« zogen sie den Zorn der nicht-islamistischen Kräfte in Ägypten auf sich. Für eine Religionsdiktatur waren die Demonstranten 2011 nicht auf den Tahrirplatz gegangen. Auch dagegen ging die Tamarod-Bewegung 2013 Unterschriften sammeln, brachte allerdings mit ihrem Engagement Ägypten ungewollt in die Nähe eines neuen Militärstaates.

Die Muslimbrüder – ein tiefer Sturz

Es lohnt sich, gerade diese Entwicklung näher zu betrachten. In fast allen arabischen Ländern sind die Islamisten die stärkste, weil am besten organisierte politische Kraft mit der größten Anhängerschaft. Dies dürfte auch für Syrien mit seiner sunnitischen Mehrheit gelten. Das Geburtsland der Muslimbrüder, Ägypten, ist gewissermaßen Paradebeispiel für ihren Sieg und ihre Niederlage.

In Ägypten zeigte sich schnell, Islamisten können gute Regierungsführung nicht. Sie verstehen viel von Wohlfahrt, aber wenig von Wirtschaft. Sie waren es gewohnt, mit vollen Händen in den Armenvierteln Ägyptens Almosen zu verteilen, um so die Menschen an sich zu binden. Sie behandeln in eigenen Krankenhäusern die Armen billiger und besser als staatliche Krankenhäuser. Die Mittellosen in Ägypten (etwa vierzig Prozent der Ägypter leben am Rande oder unter dem Existenzminimum) konnten immer mit ihrer Hilfe rechnen, durften allerdings auch deren islamistische Ideologie zumindest nicht in Frage stellen.

Als Regierung waren sie jedoch ganz anders gefordert. Sie mussten versuchen, die Wirtschaft zu sanieren: Arbeitsplätze schaffen, Investitionen ins Land holen und Ägypten für Touristen wieder attraktiv machen. Dem eigenen Haushalt hätten sie gerne ein Sparprogramm verordnet, um die Staatsverschuldung abzubauen. Angedacht hatte der Wirtschaftsminister der Mursi-Regierung den Abbau von Subventionen, besonders bei Benzin und Gas, außerdem Steuererhöhungen und eine Steuerreform. Ihre tatsächliche Wirtschaftspolitik war jedoch chaotisch. Sie pendelte irgendwo unentschlossen zwischen neoliberal und staatlichen Eingriffen und scheiterte letztendlich am Protest und Widerstand der Bevölkerung. Diese war nicht bereit, den Preis für die spürbare wirtschaftspolitische Inkompetenz der Muslimbrüder zu bezahlen und ging auf die Straßen. Die Regierung Mursi steckte von Anfang an in einem Teufelskreis. Tut sie nichts, bricht die Wirtschaft vollends zusammen, versuchen sie sie zu sanieren, würde das zunächst nur auf Kosten der Schwächsten der Gesellschaft gehen.

Mursi und seine Brüder mussten fast zwangsläufig so die größte Chance in der Geschichte ihrer Bewegung innerhalb von nur einem Jahr verspielen.

Sie hatte alle Trümpfe in der Hand, hätten ihre Wähler und auch ihre Nichtwähler von ihrer Führungsqualität überzeugen können, wenn sie sich auf die Rettung der Wirtschaft konzentriert hätten. Tatsächlich liegt die Wirtschaft des Landes am Boden, dem Staat geht das Geld aus. Viele der arbeitsfähigen Ägypter sind inzwischen gezwungen als Tagelöhner, Handlanger oder Straßenverkäufer zu arbeiten. Somit haben sie auch keinen Zugang zu dem ohnehin nur sehr schwachen sozialen Netz des Landes. Tendenz steigend. Die Armut wächst. Ägyptens Jugendliche sind die Verlierer ihres eigenen Aufstands vom Januar und Februar 2011. Kein Wunder, dass die Menschen in Ägypten bei den Wahlen 2011 und 2012 ihre ganze Hoffnung auf die Muslimbrüder im neuen Parlament und auf die neue Regierung setzten, waren die Brüder doch bekannt für ihre Wohlfahrtsprogramme.

Nur einen Teil dieses wirtschaftlichen Absturzes hat die Regierung Mursi zu verantworten, vielleicht sogar den geringsten. Er hatte schon weit vor dem Amtsantritt dieses ersten frei gewählten Präsidenten des Landes begonnen, schon zu Mubaraks Zeiten. Doch das änderte nichts an der Erwartung der meisten Ägypter. Die hieß ganz einfach: »Mursi, rette die Wirtschaft. Schaff uns Arbeitsplätze!« Dies nicht sofort aktiv anzupacken, war Mursis erster Fehler. Die Stabilisierung der Wirtschaft stand nicht ganz oben auf der politischen Prioritätenliste der Regierung. Offensichtlich war ihr wichtiger, die eigene politische Agenda durchzusetzen als auf die Bedürfnisse der Menschen einzugehen: also lieber die ägyptische Gesellschaft zu islamisieren als die Wirtschaft anzukurbeln, lieber sich über das korankonforme Heiratsalter von Mädchen den Kopf zu zerbrechen, als Ausbildungsplätze für sie zu schaffen. Die Moscheen blühten auf, die Wirtschaft stürzte ab, immer mehr Menschen verarmten, Touristen blieben ohnehin aus, genauso ausländische Investoren. Alles in dem einen Jahr der Mursi-Regierung.

Die Unzufriedenheit der Menschen wuchs. Die Muslimbrüder aber blieben dabei: Die Ägypter haben uns gewählt, also sollen sie auch das wollen, was wir wollen, nämlich mehr Islam in allen Lebenslagen. So oder ähnlich mag die Führungsspitze im Maktab al-Irshad, dem undurchsichtigen Führungsbüro der Muslimbrüder gedacht haben. Bis heute ist nicht klar, wie viel Einfluss dieses Leitungsgremium auf die Regierung Mursi gehabt hat in dem einen Jahr. Manche Kritiker in Ägypten sagen sogar, Mursi war eine Marionette seines Murshid Mohamed Badie – Murshid ist der Titel des obersten Führers der Muslimbrüder –, was wahrscheinlich übertrieben ist. Aber eines hatten sie gemeinsam: sie wollten eine islamistische Staatsordnung für Ägypten. Auf Biegen und Brechen. Und sie waren auf dem besten Weg, sie auch durchzusetzen. Sie übersahen dabei völlig, dass Ägypten ein facettenreiches und vielfältiges Land ist mit Kopten, mit gläubigen, aber nicht dogmatischen Muslimen, mit Liberalen, Sozialisten, selbst Kommunisten schwenkten ihre Hammer-und-Sichel-Fahnen auf dem Tahrirplatz während der Anti-Mursi-Proteste. Doch Muslimbrüder interessiert diese Vielfalt nicht, sie wollen islamistische Einfalt. Sie waren dabei, aus Ägypten einen religiös eingefärbten Einheitsstaat zu machen.

Die Ägypter aber wollten etwas ganz anderes, sie wollten Brot und Bohnen auf dem Tisch und bezahlbares Benzin im Tank, stattdessen bekamen sie Stromausfälle, Benzinknappheit und steigende Lebensmittelpreise. Sie wollen Würde und Respekt und nicht neue Vorschriften, wie sie zu leben hätten. Für die Armen hat sich in dem einen Jahr Mursi nichts geändert, Mittelständler fühlen sich vom sozialen Absturz bedroht und haben Angst, den Boden unter den Füßen zu verlieren. Die ewigen Verlierer merken, dass sie auch diesmal leer ausgehen werden. Im nachrevolutionären Ägypten der Muslimbrüder nahm die Zahl der Enttäuschten, der Mittellosen und Absteiger dramatisch zu.

Um 1,5 Millionen Menschen wächst jedes Jahr die Bevölkerung des Landes am Nil. Um für die rund 800 000 Jugendlichen, die jährlich von der Schule abgehen, genügend Jobs zu schaffen, müsste die Wirtschaft im gleichen Zeitraum um mindestens acht Prozent wachsen. Tatsächlich schrumpft sie dramatisch, die Preise steigen, für Lebensmittel Anfang 2013 zum Beispiel, laut der Vereinigung Ägyptischer Handelskammern, um bis zu ein Prozent pro Woche. Der Tourismus, einer der wichtigsten Wirtschaftszweige des Landes, ist dramatisch geschrumpft. Zwischen dreißig und maximal fünfzig Prozent sind die Hotels belegt. Und solange protestiert wird, solange die Bilder Steine werfender Jugendlicher, Tränengas abfeuernder Polizisten und brennender Autos um die Welt gehen, solange es Tote in den Straßen der ägyptischen Städte gibt, solange werden die Touristen auch nicht zurückkommen. Für viele Ägypter schlicht eine Katastrophe. Rund vier Millionen Ägypter leben direkt oder indirekt zu normalen Zeiten vom Tourismus.

Durch ihre schlechte Regierungsführung haben die Muslimbrüder aus Anhängern und Wählern Gegner, ja sogar Feinde gemacht. Auch deswegen sind die wieder auf die Straße gegangen, haben Unterschriften gesammelt und den Rücktritt Mursis gefordert. Dessen Politik lässt sich mit einem einzigen Begriff beschreiben. Es war eine Politik der Inkompetenz, die Ägypten in ein Desaster gestürzt hat.

Es wäre aber falsch, die ägyptischen Generäle nun als Heils-
bringer und Demokratieretter zu feiern, wie es viele Ägypter
getan haben und auch heute noch tun. Den Militärs kam der
kleine Volksaufstand der Tamarod-Bewegung gerade recht. Die
unzufriedenen Jungrebellen gegen Wirtschaftskrise und Isla-
mistenideologie lieferten unfreiwillig eine demokratische Ku-
lisse für einen nicht demokratisch gemeinten Staatsstreich.
Mehr Demokratie ist wohl kaum dessen Ziel.

Ägyptens Generäle steuern die ägyptische Politik schon seit
Nassers Zeiten, und daran wollen sie offensichtlich auch in Zukunft nichts ändern. Der blutige Machtkampf zwischen den
beiden Lagern, den Muslimbrüdern und dem Militär und der
Übergangsregierung, hat einen tiefen Graben in dem Land auf-
gerissen. Denn auch die Muslimbrüder zeigten keine Kompro-
missbereitschaft. Ihnen war bei den Kämpfen um die Rabaa-al-
Adawija-Moschee Märtyrertum wichtiger als Machtteilung.
Das Versöhnungsprojekt, das am Tag des Putsches vollmundig
als Grundvoraussetzung für ein friedliches Ägypten angekündigt worden war, ist schon einen Monat später gescheitert. Es
ist so gut wie unwahrscheinlich, dass sich Muslimbrüder nach
dem blutigen 14. August noch in eine Regierung der nationalen
Einheit einbinden lassen. Ein Teil der Brüder wird vielleicht sogar in den Untergrund gehen.

Den Boden für diesen Staatsstreich haben die Muslimbrüder
unfreiwillig selbst bereitet. Denn den von Mubarak über Jahr-
zehnte aufgebauten Sicherheitsapparat, der sie vor der Januar-
rebellion 2011 oft gnadenlos verfolgt hatte, hatten sie so gut
wie unangetastet gelassen. Im Oktober 2012 stellte zum Beispiel Amnesty International in einem Bericht fest, die neue Regierung habe eine große Chance verspielt: »Präsident Mohammed Mursi hat die historische Chance, mit dem blutigen
Vermächtnis von Polizei und Armee zu brechen. Er muss si-
cherstellen, dass die Sicherheitsorgane zukünftig nicht mehr

außerhalb des Gesetzes stehen.« Doch davon war er laut dem Amnesty-Bericht noch weit entfernt, wahrscheinlich wollte er gar nichts ändern. Hätte er eine grundlegende Reform gewollt, dann hätte er die alte aus der Mubarak-Zeit stammende Polizei völlig zerschlagen müssen. Stattdessen glaubte er offensichtlich, er könne seine Macht mit Hilfe dieses alten Sicherheitsapparates festigen. Ruth Jüttner, Nahostexpertin von Amnesty International, sagte im Oktober 2012 auf einer Pressekonferenz in Kairo. »Wir haben auch festgestellt, dass die Polizei wie unter Mubarak weiterhin Gefangene misshandelt und foltert. Eine Reform muss die tief verwurzelte Kultur der Misshandlung und des Machtmissbrauchs beenden. Eine unabhängige Instanz zur Kontrolle der Polizei muss geschaffen werden. Verschiedene Innenminister haben schon angekündigt, die Polizei zu reformieren. Aber alle bisherigen Reformen haben nur an der Oberfläche gekratzt.« Dieser Vorwurf galt 2012 besonders dem Innenminister der Regierung Mursi, Ahmed Gamal Ei-Dhin. Ganz offensichtlich hatte sich die Lage der Menschenrechte nicht verbessert, seit Mohamed Mursi sein Amt angetreten hatte. Die gleichen Vorwürfe hatten Amnesty international und Human Rights Watch nämlich schon ein Jahr zuvor geäußert. Damals hieß der Innenminister, dem Polizei und Staatssicherheit unterstehen, Mohamed Ahmad Ibrahim, ein ehemaliger hoher Polizeioffizier Mubaraks, einem in der Wolle gefärbten Law-and-Order-Mann.

Ein Vierteljahr nach dieser eindringlichen Mahnung von Amnesty beschuldigen ägyptische Menschenrechtsorganisationen Mursis Innenminister, seine Polizei foltere wieder und verhafte Demonstranten wie schon zu Mubaraks Zeiten. Ein junger Demonstrant soll im Januar 2013 sogar in einem Krankenhaus an den Folgen solcher Misshandlungen gestorben sein. Fotos des Opfers im Internet zeigen Spuren von Schlägen mit harten Gegenständen. Außerdem soll er mit Elektroschocks gequält worden sein. Mursi entlässt daraufhin seinen Innenminister. Die Menschenrechtsgruppen atmen auf. Doch nur, bis sie erfahren, wen Mursi zum Nachfolger bestimmt hat. Jetzt halten sie entsetzt die Luft an. Der Neue ist ein alter Bekannter, Mubaraks Polizeigeneral Mohamed Ibrahim, gefürchtet als wenig zimperlicher Offizier, der gegen Demonstranten, egal welcher Couleur, mit aller Härte vorgeht.

Die Vorwürfe der Menschenrechtsgruppen interessierten ihn nicht. Er ignorierte die schweren Beschuldigungen ganz einfach und leitete gegen die Polizisten noch nicht einmal eine Untersuchung ein. Auch das wie zu Mubaraks Zeiten. Bis Ende Juni war er den Muslimbrüdern zu Diensten, ließ Proteste niederknüppeln und Demonstranten verhaften. Dann kam der Staatsstreich der Generäle.

Nach dem Militärputsch vom 3. Juli 2013 begegnet er uns wieder, dieser Mohamed Ibrahim. Wieder als Innenminister und damit immer noch als Herr über den Polizeiapparat des Landes. Diesmal dient er anderen Herren, den Generälen, dem Interims-Ministerpräsidenten Hasem Al-Beblawi und seiner vom Militär eingesetzten Übergangsregierung. Mohamed Ibrahim – ein Konvertit und Wendehals, der seine neue Loyalität durch besondere Härte unter Beweis stellen sollte. Offensichtlich mit Erfolg. Er genießt das volle Vertrauen des neuen starken Mannes Ägyptens, dem von Präsident Mursi selbst ernannten Oberbefehlshaber der Streitkräfte Adel al-Fatah as-Sissi.

Hatte Mohamed Ibrahim als Mursis Innenminister seiner Polizei befohlen, Anti-Mursi-Demonstranten niederzuknüppeln und seinen Scharfschützen, die Protestierenden ins Visier zu nehmen, tat er das Gleiche nach seinem Seitenwechsel wieder. Diesmal sollten seine Polizisten und Scharfschützen allerdings auf Pro-Mursi Demonstranten zielen. Am 27. Juli 2013 waren sie besonders erfolgreich. Über siebzig Mursi-Anhänger starben an diesem Tag durch gezielte Kopfschüsse. Von einem regelrechten Kopfschussmassaker sprachen Beobachter. Bei der Räumung des Wehrdorfes der Brüder um die Rabaa al-Adamija-Moschee starben am 14. August wieder über 600 Ägypter. Allerdings war auch aus dem befestigten Lager geschossen worden. Einen Kompromiss, der Spannungen entschärft hätte, hatten die Brüder nicht gesucht. Auch mehrere Dutzend Polizisten kamen bei diesen Schusswechseln ums Leben. Fest steht aber, die meisten der über tausend Toten nach dem Putsch sind Muslimbrüder oder Sympathisanten, vom Innenminister und einer willigen Presse pauschal als Terroristen kriminalisiert. Man könnte daraus folgern: Mohamed Ibrahim hatte vor dem Putsch dem Chef einer terroristischen Vereinigung als Polizeiminister treu gedient. Damals unter dem Beifall der Muslimbrüder und ihrer Anhänger.

Heute jubeln ihm deren Gegner zu, die ohnehin zu glauben scheinen, alles geschehe zur Rettung von Revolution und Demokratie, das Töten, die Massenverhaftungen, die Folter in Gefängnissen und auf den Polizeistationen. Fast zwei Drittel der Ägypter finden das harte Vorgehen Mohamed Ibrahims gegen die Muslimbrüder richtig, stellte eine Umfrage fest. Ägypter klatschten ihm sogar Beifall, als der Innenminister verkündete, er werde einen nach dem Mubarak-Sturz aufgelösten Staatssicherheitsdienst wieder einrichten.

Unter Mubarak war diese politische Polizei geschaffen worden, um die immer stärker werdende Opposition, besonders aber die Muslimbüder zu überwachen. Jeder Ägypter hatte diese Geheimdienstler in den Straßen sofort erkannt an ihren Lederjacken und den übergroßen Sonnenbrillen. Sie standen an Straßenkreuzungen herum, in Parks, vor Caféhäusern, in Universitäten, überall da eben, wo sie Oppositionelle vermuteten. Und sie standen so unauffällig herum, dass sie nicht zu übersehen waren. Verhasst waren sie, weil sie jeden verhaften und auf Polizeireviere mitschleppen durften. Was einem dort blühte, wussten die Ägypter. Schließlich waren die Polizisten der ›Abteilung zur Bekämpfung des Terrorismus‹, wie sie hieß, für ihre Foltermethoden berüchtigt gewesen. Diese Folterpolizisten abzuschaffen war mit das Erste gewesen, was die Tahrirplatzdemonstranten 2011 durchgesetzt hatten. Zwei Jahre später sehen nur wenige Ägypter in der Wiedergeburt dieser Prügelpolizei einen Rückschritt in Richtung des alten Regimes. Der zweite weitaus spektakulärere erfolgte dann am 22. August mit der Entlassung Mubaraks aus dem Gefängnis in einen komfortablen Hausarrest.

Für die Zukunft Ägyptens und der Tahrirplatz-Aufstände heißt das alles nichts Gutes. Die korrupte Wirtschaftselite, die unter Mubarak groß geworden war, war nie wirklich weg gewesen, höchstens weggetaucht. Nach dem Putsch trauten sie sich wieder an die Oberfläche. Genauso wie die alten Parteigänger Mubaraks. Dieses »neue« Ägypten könnte so aussehen: ein demokratisch gewähltes Parlament, ein demokratisch gewählter Präsident, der eine Regierung einsetzt. Alle drei politischen Institutionen haben allerdings nur einen begrenzten Handlungsspielraum; denn im Hintergrund zieht das von niemandem kontrollierte Militär die Fäden. Ägypten also in Zukunft ein Militärstaat mit demokratischer Fassade? Vorübergehend möglicherweise ja, auf Dauer nicht unbedingt. Die Tahrirplatz-Jugend kennt ihre Stärke. Schon zweimal innerhalb von nur zweieinhalb Jahren haben sie den Sturz von zwei Präsidenten mitausgelöst. Sie wird sich diese Erfolge nicht nehmen lassen. Daher ist auch eher unwahrscheinlich, dass sich die Geschichte in Ländern wie Ägypten tatsächlich auf Dauer zurückdrehen lässt, auch wenn die ägyptische Konterrevolution das sicherlich will.

Für die Muslimbrüder ist klar, der Putsch und ganz besonders der blutige 14. August zeige mal wieder drastisch die doppelte Moral des Westens. Der fordere zwar Demokratie in den arabischen Ländern, argumentieren sie, wenn es aber so weit sei, dann ließe er vielleicht zu, dass sie durch demokratische Wahlen an die Macht kommen, nicht aber an der Macht bleiben. Das »westlich-zionistische Komplott« habe sich gegen sie verschworen und lasse so lange wählen, bis die gewonnen haben, die ihm genehm seien. Die demokratisch gewählte Hamas habe der Westen weltweit isoliert. Und in Algerien hätte das Militär 1992 einen korrekten Wahlprozess mit Gewalt beendet, aus dem die Islamisten als Sieger hervorgegangen wären, auch dieser Putsch im Auftrag des Westens. »Der Mossad und der Westen sind an allem schuld«, ist ein weitverbreitetes Vorurteil im Nahen Osten nicht nur bei den Brüdern. Aber wie fast alle Verschwörungstheorien enthalten sie auch einen wahren Kern. Die Hamas wurde nach dem Wahlsieg tatsächlich international isoliert, und in Algerien fand der zweite Wahlgang auch auf Drängen Frankreichs nicht mehr statt.

In Tunesien wird schon viel länger um eine Verfassung gerungen, als ursprünglich geplant. Dies immerhin ein Zeichen, dass die beteiligten Parteien, islamistische wie weltliche, sich nicht übertölpeln wollen oder können. Tunesien war immer weltlicher gesonnen als andere Länder in Nordafrika und der arabischen Welt. Die politischen Morde stellen das kleine Land allerdings vor eine Zerreißprobe.

Dieses Zwischenergebnis beweist allerdings nicht, dass alle arabischen Rebellionen gescheitert sind, schon gar nicht, dass Araber Demokratie nicht können. Es beweist nur, dass es lange dauern wird, ehe sich das Neue dauerhaft durchsetzt. Die Ägypter und Tunesier haben immerhin gelernt, sich zu wehren und nicht jeden Unterdrückungsapparat hinzunehmen, sondern die Mauern der Angst einzureißen. Die Konflikte liegen offen, zum ersten Mal in der Geschichte dieser Gesellschaften.

Auch daran waren die alten Gesellschaften, die sich die Mubaraks, die Ben Belas oder Gaddafis geformt hatten, auseinandergebrochen. Sie hatten bestehende Konflikte nur übertüncht. Nassarismus, Panarabismus, Panislamismus oder Baathismus à la Syrien stellten sich am Ende als nichts mehr heraus als ein Fassadenanstrich, mit dem diese Daueralleinherrscher ihren Gesellschaften ein uniformes Aussehen geben wollten. Wer dagegen aufmuckte, riskierte Kopf und Kragen. Wer arm war, hatte es zu bleiben ohne Wenn und Aber. Wer reich sein wollte, musste sich auf das Korruptionsspiel einlassen. Der Islam war und ist Staatsreligion, aber wehe, man nahm ihn wörtlich und versuchte sein Gerechtigkeitsgebot öffentlich einzuklagen.

Der 14. Januar in Tunis und der 11. Februar 2011 in Kairo hatten diese Fehlfarben endgültig abplatzen lassen. Genauso der 17. März 2011 in Syrien. Unter der scheinbar glatten Oberfläche einer Einheitsgesellschaft werden Gräben und Verwerfungen sichtbar, Furchen und Schrunde, Gegensätze und Bruchlinien innerhalb dieser Gesellschaften: Jung gegen Alt. Reich gegen Arm. Säkulare Werte gegen die der Religionsfanatiker. Frauen gegen Männer. Muslime gegen Christen. Außerdem gibt es natürlich die bekannten Konfliktlinien zwischen Israel und den arabischen Ländern oder dem Iran. Der Okzident gegen den Orient ohnehin. Antagonismen in formierten Gesellschaften, die tiefe Antipathien ausgelöst hatten. Kein Wunder also, dass sich der Dampfkessel, der im Nahen Osten schon seit etlichen Jahrzehnten unter hohem Druck steht, in einigen Ländern in Explosionen entlädt.

Syrien – im Griff der Gewalt

Die Syrer wären froh, hätten sie die Probleme der Ägypter oder Tunesier. Ihre Zukunft sieht weitaus düsterer aus als die der Ursprungsländer des sogenannten arabischen Frühlings. Da keine Partei in Syrien im Augenblick siegen kann, das Land aber über genügend Waffen verfügt, kann der Krieg noch lange dauern. Jahre vielleicht. Das fürchten nicht wenige Syrer. Wenn einer Seite die Munition ausgehen sollte, liefern ihre Unterstützerländer sofort Nachschub. Ebenso Ersatzteile. An der einen Front stehen genügend Hisbollah-Kämpfer bereit, um für die Sache Assads ihr Leben zu riskieren. Die Internationale der Wanderdjihadisten aus Ländern wie Tschetschenien, Libyen, dem Sudan und anderen Ländern wartet hinter der gegenüberliegenden Front nur darauf, in diesen Krieg eingreifen zu dürfen. Nachschub an Material und Menschen gibt es also mehr als genug. Katar und Saudi Arabien kaufen beispielsweise in Afrika und auf dem Balkan Waffen und liefern sie über die Türkei oder Jordanien. Der Krieg in Syrien kann ohne große Unterbrechungen weitergehen. Das Sterben nimmt kein Ende. Das Land steckt in einem Teufelskreis, schreibt eine in Damaskus lebende Bloggerin, die unter Pseudonym auf ZEIT ONLINE schrieb:

»Inmitten all der Zerstörung und dem verzweifelten Versuch, Assad zu stürzen, könnte der Einfluss der Djihadisten zunehmen. Ein willkommener Vorwand für das Regime, noch mehr Gräueltaten zu begehen und sein eigenes Überleben durch weitere unerhörte Massaker zu sichern.«

Das schrieb sie schon Mitte 2012. Sie mahnte damals, zwar die Macht dieser Extremisten nicht zu überschätzen, sieht aber auch den offen zu Schau getragenen Triumph Assads. Am Ende ist seine Verteufelung aller Demonstranten – auch der friedlichen – als Terroristen Wirklichkeit geworden. Sie sind tatsächlich da, die Terroristen, aber nicht als Ergebnis seiner Weitsicht, sondern unter anderem auch als das Ergebnis seiner Politik der Gewalt, die niemand stoppen konnte und niemand stoppen wollte.

Der Westen schon gar nicht. Der verhängt zwar Sanktionen, im Grunde aber sieht er zu und schweigt. Wenn er redet, dann von »Flächenbrand«, von »Waffen in falschen Händen«, von

»Krieg in die Länge ziehen«, manchmal sogar von »roten Linien«. Alles nicht falsch, alles bedenkenwert. Wer allerdings energisches Handeln erwartet, wird schnell enttäuscht. Selbst die Franzosen und Engländer sind seit August 2013 nicht mehr bereit, Waffen zu liefern.

Zwei Monate vor dieser Entscheidung sahen sie Waffenlieferungen noch als einziges Allheilmittel an und riskierten sogar einen tiefen Riss in der europäischen Außenpolitik: Im Mai hatten Franzosen und Engländer gegen eine Verlängerung des Waffenembargos der EU gestimmt und sich damit gegen die übrigen 25 EU-Länder gestellt, die das auslaufende Embargo erneuern wollten. Man plane ab August die Aufständischen mit Waffen aufzurüsten, hatten die beiden Länder vollmundig angekündigt. Mit mehr als nur Maschinengewehren und ein paar Handgranaten. Als dann aber der August gekommen war, bekamen sie Muffensausen und ruderten zurück. Der Grund: die »falschen Hände« der Djihadisten, die die Rebellenszene inzwischen dominieren.

Jeder hat natürlich das Recht, eine einmal getroffene Entscheidung später zu berichtigen. Politiker korrigieren viel zu selten ihre Fehler. In diesem Fall demonstrierten Franzosen und Engländer aber die ganze Hilflosigkeit der europäischen Syrienpolitik. Denn außer »keine Waffen liefern« wegen der »falschen Hände« und dem »Flächenbrand« fiel den Außenministern in Paris und London kaum etwas zu Syrien ein. Denen von Resteuropa genauso wenig.

Die Folge dieser Ratlosigkeit ist uns auf unserer Reise immer wieder vorgehalten worden: »Europa lässt uns im Stich!« Von Kämpfern, von Zivilisten, alle Assad-Gegner, bei weitem aber nicht alle begeisterte Unterstützer der Kämpfer, der Freien Syrischen Armee der Djihadisten schon gar nicht.

Die syrische Opposition im Exil trägt einen großen Teil an Mitverantwortung am syrischen Desaster. Sie ist tief gespalten, zerstritten und hat sich nahezu handlungsunfähig gemacht. Einig ist sie sich nur in der monotonen Forderung: »Keine Lösung mit Assad!« Verstößt jemand gegen dieses Postulat, wird seine Loyalität in Frage gestellt. So ist es dem ersten Vorsitzenden der im November 2012 gegründeten Syrischen Nationalen Koalition, Musas al-Chatib, ergangen, der Anfang 2013 vorgeschlagen hatte, unter bestimmten Umständen mit dem syrischen Präsidenten über die Zukunft des Landes zu verhandeln. Der Aufschrei in den eigenen Reihen war laut. Aber nicht nur deswegen trat der ehemalige Prediger der Omayyadenmoschee schon nach viereinhalb Monaten von seinem Amt wieder zurück. Ihm war auch die internationale Unterstützung zu kümmerlich. Und schon 2011 hatte es vor der Arabischen Liga in Kairo Prügeleien gegeben zwischen Oppositionellen, die sich eine Lösung nur ohne Assad vorstellen konnten und solchen, die bereit waren, Assad in einer Übergangszeit zu akzeptieren.

Der Politologe Yezid Sayigh hat die Effizienz der Syrischen Nationalen Koalition (SNK) für das Carnegie Middle East Center untersucht und im Mai 2013 Ergebnisse dazu veröffentlicht. Sie sind niederschmetternd.

Seine Analyse zusammengefasst: Es fehlt der SNK an effektiver Führung, die in der Lage ist, die tiefe Spaltung der verschiedenen Gruppen zu überwinden. »Sie repräsentiert mehr als dass sie führt«, schreibt er. Die Koalition verfasse schöne Papiere über politischen Ethos oder die Ziele des Aufstandes, kümmere sich aber kaum um Strategien im Land selbst, um diese zu durchzusetzen: »Sie ist eine Exilorganisation. Ihr fehlt eine Basis in Syrien selber – das ist ein großes Hindernis.«

In der Syrischen Nationalen Koalition sind zwar auch Oppositionsgruppen aus Syrien vertreten, aber deutlich weniger als in der Vorgängerorganisation, dem Syrischen Nationalrat. Im alten Syrischen Nationalrat hatten sie 35 Prozent der Sitze, in der neuen Nationalen Koalition nur noch um die zwanzig Prozent. Auch wir hatten auf unserer Reise immer wieder gehört, man wolle sich von denen im komfortablen Exil nichts sagen lassen. Besuche der Exilpolitiker in Syrien könnten abhelfen. Diskutieren, erklären, zuhören, um Vertrauen zu schaffen zwischen der fernen Welt der Exilopposition und der Leidenswelt der Aufständischen, die jeden Tag ihr Leben riskieren. Tatsächlich lassen sich die Exilpolitiker aber höchstens zu kurzen Fototerminen in den von den Rebellen kontrollierten Gebieten blicken, berichtet Sayigh. Solche »touristischen Besuche« seien kaum geeignet, Vertrauen bei der Bevölkerung und den Kämpfern aufzubauen, um eine eigene politische Agenda durchzusetzen: »Die Einrichtung einer Übergangsregierung in diesen Gebieten kann zu einer fundamentalen Änderung der Situation führen. Aber nur wenn diese Übergangsregierung politisch ermächtigt ist, eigene Programme zu entwerfen und durchzusetzen und den zivilen und militärischen Einrichtungen, die im täglichen Kampf gegen Assad stehen, eine Richtung vorzugeben.«

Eine solche Übergangsregierung mit Sitz in Syrien selbst müsste nicht nur den Kampf gegen Assad organisieren, sie müsste auch im Rebellengebiet selbst für Ordnung und ein Mindestmaß an Sicherheit für die Zivilisten sorgen. Im März bekannte der damalige Chef der Syrischen Nationalkoalition, Musas al-Khatib, »viele Gebiete brauchen Ordnung, dort sind Banden unterwegs, die stehlen, plündern und überfallen.«

Und die Zeitung der syrischen Muslimbrüder ›Al Ahd‹ (Glaubenstreue) schrieb in ihrer Ausgabe vom 15. Februar 2013: »Das Chaos bei der Bewaffnung, die Streitereien zwischen den Brigaden, die Korruption in der Freien Syrischen Armee, schließlich die Abwesenheit jeglicher Institutionen, die Gewalt verhindern und Täter bestrafen könnten, erschüttert das Vertrauen der Bevölkerung in die Ziele der Revolutionäre.« (alles zitiert nach Yezid Sayigh, The Syria's Opposition Leadership Problem; Mai 2013).

Sayigh folgert daraus, diese Fehler der Opposition stärkten Assad, der Mitte 2013 auch wegen dieser Schwächen seiner Gegner von den schon Totgesagten wieder auferstanden ist.

Ein Gedankenspiel: Friede möglich?

Nein! Ganz klar nein! Höchstens ein Waffenstillstand. Selbst diesen mit einem Machthaber zu schließen, der Chemiewaffen gegen sein eigenes Volk einsetzt, dürfte den meisten an dem Konflikt Beteiligten schwerfallen, wenn nicht gar unmöglich sein. Alle, die sagen: »Mit einem solchen Verbrecher verhandele ich nicht«, haben mein volles Verständnis. Doch was ist die Alternative? Im Augenblick sieht es nicht so aus, als könne eine Seite gewinnen. Also kann nur weitergekämpft und geblutet oder verhandelt werden.

Syrien schafft es nicht aus eigener Kraft, diesem Teufelskreis von Gewalt und Gegengewalt zu entkommen. Syrien braucht Hilfe von außen. Es gibt nur zwei Länder, die einen solchen Waffenstillstand durchsetzen können. Das sind Russland und die USA. Russland ist für Assad ein bislang sicheres Veto gegen Verurteilungen durch den Sicherheitsrat, außerdem der wichtigste Waffenlieferant, die USA ist die Schutzmacht von Saudi Arabien und Katar, den Ausrüstern der Rebellen, und hat damit also Einfluss auf diese beiden Rebellenfreunde. Nur wenn diese beiden Mächte im UN-Sicherheitsrat eine gemeinsame Haltung entwickeln, können sie sich bei Aufständischen und Assad durchsetzen. Nur wenn beide einen Waffenstillstand in Syrien wollen, hat er Aussicht auf Erfolg.

Luftangriffe der Amerikaner allein werden das syrische Regime kaum stürzen können. Den Rebellen am Boden wird dies auch nicht gelingen. Sie sind zu zersplittert und untereinander zerstritten und haben daher wenig Chance gegen die geschlossenen gut organisierten Kampfverbände der syrischen Armee, die zudem noch von Kämpfern der Hisbollah unterstützt werden. An Ausrüstung mangelt es nicht. Russland liefert jederzeit Nachschub. Und der Westen kann kein Interesse daran haben, Djihadisten stark zu machen.

Russland trägt ein hohes Maß an Mitverantwortung für die Entwicklung in Syrien. In erster Linie wegen der bedingungslosen Unterstützung Assads. Selbst den Einsatz von Chemiewaffen lässt Putin Assad durchgehen und er verhindert auch eine Verurteilung. Außerdem hat Russlands Blockadepolitik in diesem wichtigen UN-Gremium seit mehr als zweieinhalb Jahren Syrien vor Strafmaßnahmen bewahrt.

Es wäre aber falsch, ausschließlich Russland den Schwarzen Peter zuzuschieben. Auch die USA haben gravierende Fehler gemacht. Den Iran von Konferenzen in Genf auszuschließen, war ein solcher Fehler oder Assad vorschnell als Täter zu verurteilen, noch ehe die Chemiewaffeninspektoren der UN ihre Ermittlungen vor Ort beendet hatten. Einen besonders schweren begingen die USA, als sie kurzfristig nach dem Chemiewaffenangriff bei Damaskus die Vorbereitungsgespräche mit Russland zu einer Syrienkonferenz absagten. Gerade in Krisensituationen können solche Kontakte über Krieg oder Frieden mitentscheiden.

Russland lässt sich nur als Partner für einen Waffenstillstand gewinnen, wenn der Westen Moskaus besondere Interessen im Nahen Osten anerkennt. Außerdem, so schreibt der ehemalige deutsche Botschafter in den USA und jetzige Vorsitzender der Münchner Sicherheitskonferenz, Wolfgang Ischinger, seien die Voraussetzungen für eine gemeinsame Syrienpolitik so schlecht gar nicht: »Im Kern teilen Russland und der Westen wichtige Interessen in Syrien. Niemand will noch das Assad-Regime, niemand den Zerfall Syriens, niemand ein islamistisches Land.

Aufgrund der traditionellen Bindungen zwischen Moskau und Damaskus kann eine Lösung für den Konflikt nur über Moskau laufen. Russlands Geheimdienst ist in seinem Wissen über das Assad-Regime den westlichen Diensten weit überlegen.« Doch eine grundlegende Voraussetzung müsse vom Westen geschaffen werden: »Die russische Regierung wird Sanktionen oder gar militärischem Zwang nur dann zustimmen, wenn sie nicht die Sorge hat, über den Tisch gezogen zu werden.« Wie es nach Meinung der Russen im Fall Libyen geschehen war, müsste man noch ergänzen.

Schon eine Feuerpause von zunächst begrenzter Dauer wäre mehr als eine Atempause in diesem Krieg, dem andernfalls noch tausende Menschen zum Opfer fallen werden. Ein halbes Jahr Waffenruhe zum Beispiel. In dieser Zeit sollten alle an dem Konflikt Beteiligten zusammengebracht werden. Gemeinsam an einem runden Tisch mit dem Ziel, zu verhandeln über die Zeit nach dem Waffenstillstand. Wenn nicht runder Tisch, dann in Einzelgesprächen über Vermittler, die das Vertrauen aller Beteiligten genießen. Während dieser Zeit darf es keine Gebietsveränderungen geben, keine Truppenverschiebungen, keine Angriffe. Neuralgische Zentren wie Aleppo, Homs oder wichtige Kreuzungen werden von UN-Blauhelmen gesichert, die mit einem robusten Mandat und entsprechenden Waffen ausgerüstet sind. Außerdem müssen die Paten der Kriegsparteien, Russland und die USA also, ihre Klientel, Saudi Arabien, Katar beziehungsweise Iran, verpflichten, keine Waffen oder Munition zu liefern, nötigenfalls durch ein robustes Mandat.

Ausgenommen sind humanitäre Güter für die Bevölkerung auf beiden Seiten unter Kontrolle des Internationalen Roten Kreuzes. Das wäre Sache der Europäer. Die EU könnte zu einer humanitären Offensive antreten mit Hilfslieferungen von Medikamenten, Krankenhausausrüstung, Lebensmitteln, um den Syrern zu zeigen: »Wir haben euch nicht vergessen.«

Mit am runden Tisch müssen auch Vertreter des Assad-Regimes sitzen. Das wird die Opposition schmerzen nach all den Verbrechen der Streitkräfte und der Shabiha-Milizen. Allerdings ist ihre Weste auch nicht porentief weiß. Dennoch: Die Oppositionsvertreter müssen über den eigenen Schatten springen, denn nur mit dem Regime Assad kann es heute noch eine nicht-militärische Lösung geben, in kleinen zähen Schritten, die niemanden unter den Aufständischen wirklich begeistern, dafür viele ungeduldig machen werden. Die Aufständischen haben viel geopfert und müssen am Ende wahrscheinlich noch einmal auf vieles verzichten. So wird es keinen Triumphmarsch durch Damaskus geben, genauso wenig werden sie ihre Rebellenfahne auf dem Palast von Baschar al-Assad heißen können. Ein solches Abkommen, sollte es je zustandekommen, wird jedem bitter schmecken.

Vor allem der Assad-Clan wird alle seine Privilegien aufgeben müssen, die er bisher als für ihn selbstverständlich angesehen hatte. Auf seine politische und wirtschaftliche Vormachtstellung im Land, auf den politischen Alleinvertretungsanspruch, den dieser Clan seit 2011 sogar mit Waffengewalt durchzusetzen versucht. Auf die Vormachtstellung der Baathpartei. Die Alawiten werden auf Schlüsselstellungen in Geheimdienst und Armee verzichten müssen. Die Assads müssen sich mit der Vorstellung abfinden, dass ihre Machtbeteiligung in dem neuen Syrien möglicherweise nur noch bis zu den nächsten Wahlen dauern wird. Assad muss weg, ja, aber möglichst mit nicht-militärischen Mitteln. Zu Kriegsverbrecherprozessen gegen die Assads wird es fast zwangsläufig kommen. Das ist man der Bevölkerung spätestens nach den Giftgasangriffen vom 21. August 2013 schuldig. Allerdings müssen auch Kriegsverbrechen der Rebellen untersucht und gegebenenfalls geahndet werden.

Mit am Tisch sitzen muss der Iran, der neben Russland wichtigste Unterstützer Assads, zumal der neue Präsident des Landes Rohani angedeutet hat, er könne sich ein Syrien ohne Assad durchaus vorstellen. Die USA haben sich bisher immer gegen diesen Teilnehmer gewehrt, so 2012 bei den Verhandlungen in Genf. Mit dieser Blockade aber haben sie eine Tür zu einem Waffenstillstand versperrt. Ein nicht beteiligter Iran kann jederzeit Absprachen torpedieren. Ohne das Kommando »Feuer einstellen!« aus Teheran hält die Hisbollah nicht still während einer Waffenruhe. Also – der Iran muss mit an den Tisch, andernfalls kann er jede Bemühung, die Kämpfe zu beenden, zerstören.

Auch die Arabische Liga gehört natürlich dazu, allerdings braucht sie ein klares Mandat, auch für Saudi Arabien und Katar sprechen zu können. Die sunnitischen Machthaber der arabischen Welt müssen lernen, einen begrenzten Einfluss des Iran in ihrer Welt hinzunehmen, der Iran muss seinen Expansionsdrang zurücknehmen und sich Israel gegenüber mäßigen. Hier kommt sogar eine völlig nicht-syrische Frage mit ins Spiel, nämlich die der mutmaßlichen atomaren Aufrüstung des Mullah-Staates.

Eine dauerhafte Lösung des Syrienkonflikts ist also komplex und kompliziert und kann hier nur angedeutet werden. Das Ziel der Gespräche ist, den Krieg zu beenden und die innersyrischen Konflikte auf einen Lösungsweg zu bringen, die da sind: echte Parteienbildung, freie Wahlen, Verfassung mit einem deutlichen Schutz der Minderheiten des Landes einschließlich der Alawiten. Das Land muss durch den Wiederaufbau seiner Wirtschaft schnell stabilisiert werden. Notwendig ist also eine Art Marshallplan, an dem sich auch der Westen beteiligen muss, wenn ihm tatsächlich etwas an einer Demokratisierung des Landes liegt, wie er immer wieder auf Gipfelkonferenzen oder bei Treffen der »Freunde Syriens« behauptet. Auch die erfolgreiche Demokratisierung der Bundesrepublik ist unter anderem der Stabilität zu verdanken, die der Marshallplan möglich gemacht hatte. Schließlich gilt auch im Nahen Osten die Regel: »Wer zahlt, schafft an«. Wenn der Westen sich finanziell nicht engagiert, werden Geldgeber wie Katar und Saudi Arabien einspringen und mit ihrem Geld sehr schnell jede echte Demokratisierung des Landes ersticken. Nichts Schlimmeres für diese autoritär regierten Systeme als in der Nachbarschaft einen Staat zu haben, der seinen Mitbürgern Mitsprache erlaubt. Er könnte ja zum Vorbild für die eigenen Untertanen werden.

Die Verhandlungen müssen aber über Syrien hinausgehen. Das Verhältnis der sunnitischen Golfstaaten und des Iran ist eines der Spannungsfelder, die entschärft werden müssen. Genauso wie die zwischen dem beinharten Israel und der ideologieverblendeten Hisbollah.

Ob dieses Gedankenspiel in der politischen Wirklichkeit des Nahen Ostens funktionieren kann? Ich habe selbst große Zweifel. Eine Utopie vielleicht, vielleicht auch politische Träumerei oder Spinnerei. Solche Vorwürfe sind mir sicher: Traumtänzer, Wolkenschieber, politischer Fantast.

Was aber ist die Alternative? Die heißt ganz einfach: Der Krieg geht weiter. Die Zerstörung einer der ältesten Kulturen im Nahen Osten geht weiter. Kulturen, die den Besucher verzaubern und kaum mehr loslassen. Aleppo vor dem Krieg – eine Stadt religiöser Toleranz und ethnischer Vielfalt, eine weltoffene Stadt der Händler, über die Seidenstraße jahrhundertelang sogar mit China verbunden.

Und heute? Die Stadt wird nie wieder so sein wie vor dem Krieg. Suq und Omayyadenmoschee sind schwer beschädigt, vielleicht sogar zerstört, ebenso einige der bis zu tausend Jahre alten Hammam, also Badehäuser. Der Altstadt Damaskus droht ein ähnliches Schicksal. In den römischen Tempelanlagen von Palmyra sollen Panzer herumkurven. Die Kreuzritterburg Crac des Chevaliers wird immer dann mit Artillerie beschossen, wenn sich hinter ihren dicken Mauern Aufständische verbergen. Die wuchtige Festungsanlage aus dem 12. Jahrhundert, die zum Weltkulturerbe gehört, soll inzwischen schwer beschädigt sein, schreiben Reporter. Den vielen ausländischen Djihadisten ist die alte syrische Kultur gleichgültig, möglicherweise halten sie archäologische Funde aus der vorislamischen Zeit für unislamisch und zerstören sie in ihrem religiösen Wahn. Syrien ist voll von solchen Kunstschätzen und immer voller von solchen militanten Wahnsinnigen.

Und die Menschen? Wie sollen sie in ein paar Jahren noch zusammenleben können, wenn dieser Krieg so weitergeht? Hass frisst sich immer tiefer in sie hinein. Misstrauen setzt sich fest. Unversöhnlichkeit, Kompromisslosigkeit, Todfeindschaft. Auf beiden Seiten wird die Angst der Minderheiten vor der Mehrheit geschürt. Mit Erfolg.

Kommt es nicht zu einem Waffenstillstand mit anschließenden Verhandlungen, dann ist der Preis hoch, den der Westen in ein paar Jahren zahlen muss. Die Gefahr ist groß, dass Syriens Assad, die iranischen Mullahs und Nasrallahs Hisbollah sich im Süden des Landes festsetzen, unterstützt von Russland, das seinen Militärhafen in Tartus behalten will. Einen solchen schiitischen vom Iran gesteuerten Block werden die Nachbarländer Syriens wahrscheinlich als ständige Bedrohung ansehen, besonders Irans Erzfeind Israel. Obendrein wird ein solcher Block, zu dem auch der Irak gerechnet werden muss, die Machtbalance am Persischen Golf zu Ungunsten der sunnitischen Monarchien verschieben. Zu allem Unglück verfügt er zur Zeit auch noch über Chemiewaffen. Nicht auszuschließen, dass er eines Tages sogar Atomraketen in seinen Waffenkammern deponiert. Das zumindest ist die Furcht des Westens.

Eine solche Konzentration von Macht, Miliz und Militär vor der Haustür Israels und anderer verbündeter Staaten wird der Westen nicht hinnehmen, fast zwangsläufig muss er im Falle eines Falles militärisch eingreifen. Ob sich Assads Freund Russland aus einem solchen Konflikt heraushalten wird, ist mehr als fraglich.

Allein ein solches Szenario sollte Grund genug sein für einen Waffenstillstand und für Verhandlungen. Die Übereinkunft zwischen den USA und Russland über die Vernichtung der syrischen C-Waffen, die sie nach drei Tagen Verhandlungen am 14. September in Genf erreicht haben, gibt Anlass zu Hoffnung, dass die beiden Großmächte vielleicht doch noch gemeinsam an einer Lösung des Syrienkonflikts arbeiten werden. Daher ist die Überlegung eines runden Tischs, an dem alle Beteiligten sitzen, vielleicht doch nicht so weltfern.

6 Chronik Syrien

2011

Januar/Februar 2011

31. Januar: Das Wallstreet Journal veröffentlicht ein Interview mit dem syrischen Präsidenten Baschar al-Assad. Ein Übergreifen der Proteste auf Syrien hält er für unwahrscheinlich.

4./5. Februar: Oppositionelle rufen zu Protesten an einem »Tag des Zorns« auf. Die Resonanz ist gering.

März 2011

17. März: Schwere Zusammenstöße in der südsyrischen Stadt Dar'a, bei denen mindestens fünf Menschen sterben. Hassmann Nummer 1: Rami Machluf, der Cousin des Präsidenten.

20. März: Protestierende setzen öffentliche Gebäude sowie Filialen des Mobilfunkbetreibers SyriaTel, der sich im Besitz von Rami Machluf befindet, in Brand.

25. März: Baschar al-Assad kündigt Freilassung aller in den letzten Tagen festgenommenen Demonstranten an.

26. März: Die syrische Regierung kündigte die Aufhebung des seit 1963 geltenden Notstandsgesetzes an.

29. März: Der syrische Premierminister Muhammad Nadschi al-Utri tritt mit seinem Kabinett zurück.

April 2011

3. April: Adel Safar bildet eine neue syrische Regierung in Damaskus.
Den Kurden in Nordsyrien wurde nach Demonstrationen der Bevölkerung von der Regierung zugesagt, allen syrischen Kurden die Staatsbürgerschaft zu erteilen.

8. April: Demonstrationen gegen Assad in Duma Harasta, Qamischli, Hasakhe, Idlib, Baniyas, Hama und Homs.

22. April: Im ganzen Land gibt es nach den Freitagsgebeten die bisher größten Demonstrationen seit Beginn der Proteste. Die Rufe nach einem Rücktritt Assads werden lauter.
Der Menschenrechtsrat der Vereinten Nationen verurteilt in Genf die brutale Gewalt gegen Demonstranten. US-Präsident Barack Obama setzt Sanktionen gegen syrische Regierungsmitglieder in Kraft. Bis Ende April werden etwa 500 Demonstranten getötet.

Mai 2011

2. Mai: In der Stadt Dar'a haben Sicherheitskräfte 499 Personen verhaftet und nach eigenen Angaben 10 Personen getötet.

4. Mai: In ganz Syrien Verhaftungen. Bestätigt sind 2 843 Verhaftete, während Aktivisten von bis zu 8 000 ausgehen.

10. Mai: Syriens drittgrößte Stadt Homs und die Stadt Banias sind von Strom, Telekommunikation und der Wasserversorgung abgeschnitten. Große Zahl an Verhaftungen.
Die syrische Regierung behauptet nach wie vor, nur gegen bewaffnete Terroristen vorzugehen.

14. Mai: Der syrische Informationsminister ruft zu einem nationalen Dialog auf und verspricht politische, wirtschaftliche und soziale Reformen.

17. Mai: In Dar'a haben Bewohner nach eigenen Angaben ein Grab mit dreizehn Leichen entdeckt.

20. Mai: Azadi-Freitag
In vielen Städten Syriens finden Massendemonstrationen statt. Bei den Demonstrationen kam es zu mindestens dreißig Todesopfern.

24. Mai: Die verstümmelte Leiche des dreizehnjährigen Hamza al-Chatib wird seiner Familie übergeben. Der Junge war am 29. April in der Nähe von Dar'a während einer Demonstration verschwunden und von Sicherheitskräften zu Tode gefoltert worden.

28. Mai: Opposition behauptet, iranische Spezialeinheiten unterstützten die syrische Regierung.

Juni 2011

1. Juni: Die Menschenrechtsorganisation Human Rights Watch veröffentlicht ein 60-seitiges Dokument über Menschenrechtsverletzungen durch syrische Sicherheitskräfte.

13. Juni: Nach der Militäroperation in Dschisr asch-Schughur hat die Armee die Kontrolle über die Stadt übernommen. Das syrische Staatsfernsehen berichtete von schweren Kämpfen und begründet die Operation mit 120 Angehörigen der Sicherheitskräfte, die in der Stadt getötet worden sein sollen.

15. Juni: In Damaskus findet zur Unterstützung der syrischen Regierung eine Demonstration statt, bei der tausende Teilnehmer eine 2,3 km lange syrische Flagge entlang einer Straße entrollen.

20. Juni: Der syrische Präsident Baschar al-Assad hält an der Universität Damaskus seine dritte Rede während der Proteste. Er kündigt Dialoge über die Zukunft des Landes sowie Verfassungsreformen an. Jedoch nicht, solange Demonstranten Gewalt anwenden.

24. Juni: Resolution der Europäischen Union. Verurteilung der syrischen Regierung. Außerdem Forderung einer Resolution des UN-Sicherheitsrates.

24./25. Juni: Über 1000 Menschen sind aus dem syrischen Grenzgebiet in den Libanon geflüchtet.

27. Juni: In Damaskus findet ein Treffen von 160 Oppositionellen statt, deren Teilnehmer sich für eine Demokratisierung, ein

Ende der Gewalt und die Freilassung politischer Gefangener aussprachen.

Juli 2011

1. Juli: In vielen Städten regierungskritische Demonstrationen. Aber auch Pro-Regierungs-Demonstrationen, über die im syrischen Staatsfernsehen berichtet wird.

8. Juli: Nach Angaben von Aktivisten demonstrieren über 500 000 Menschen in Hama gegen die Regierung. Der Botschafter der USA, Robert Ford, und der Botschafter Frankreichs, Eric Chevallier, besuchen Hama und drücken ihre Solidarität mit den Einwohnern der Stadt aus.

10. Juli: In Damaskus beginnt der von der Regierung am 20. Juni angekündigte »Nationale Dialog«, der syrische Vizepräsident Faruq al-Schara kündigt die Einführung eines Mehrparteiensystems in Syrien an. Oppositionelle lehnen den Dialog ab.

11. Juli: Unterstützer der syrischen Regierung greifen die Botschaften der USA und Frankreichs in Damaskus an.

16./17. Juli: Konferenz Oppositioneller in Istanbul, bei der über eine Strategie zum Sturz der Regierung beraten wird.

25. Juli: Die syrische Regierung billigt einen Gesetzesentwurf, der die Gründung von politischen Parteien erlaubt. Parteien müssen die Verfassung respektieren und dürften nicht an Religionen oder Volksgruppen gebunden sein. Oppositionelle lehnen den Gesetzesentwurf ab.

31. Juli: »Ramadan-Massaker«: Syrische Sicherheitskräfte ziehen mit Panzern in die Stadt Hama ein. 136 Menschen sind dabei nach Berichten einer Menschenrechtsorganisation zu Tode gekommen.

August 2011

1. August: Beginn des Ramadan
Allein in der westsyrischen Stadt Hama kommen bei Demonstrationen Menschenrechtsorganisationen zufolge 140 Zivilisten ums Leben. Die EU-Außenbeauftragte Catherine Ashton bezeichnet die Aktion als Massaker.

4. August: Präsident Assad erlässt per Dekret das neue Parteiengesetz.

7. August: Erstmals verurteilt auch die Arabische Liga die Gewalt gegen Demonstranten.

9. August: Der türkische Außenminister Ahmet Davutoğlu fordert in Damaskus ein Ende der Gewalt gegen Demonstranten.

18. August: In einer gemeinsamen Erklärung der Kanzlerin Angela Merkel, des französischen Staatspräsidenten Nicolas Sarkozy und des britischen Premierministers David Cameron heißt es, Assad habe »jede Legitimität verloren«. Sein Rücktritt wird gefordert.

25. August: Am frühen Morgen wird der Karikaturist Ali Ferzat in Damaskus von Bewaffneten überfallen, verschleppt und schwer verletzt. Ihm werden beide Hände gebrochen.

31. August: Der Generalstaatsanwalt des Gouvernements Hama, Adnan Bakkour, erklärt in einem Video seinen Rücktritt. Er berichtet, er sei Augenzeuge von 70 Hinrichtungen und hunderten Vorfällen von Folter geworden.

September 2011

2. September: Die Außenminister der EU verhängen Öl-Embargo gegen Syrien.

7. September: Nach Angaben von Human Rights Watch werden bei einem Angriff von Sicherheitskräften auf ein Krankenhaus in Homs 18 Patienten entführt.

10. September: Der Generalsekretär der Arabischen Liga, Nabil al-Arabi, besucht Syrien und tifft Präsident al-Assad. Nach dem Treffen sagt er, dass eine Übereinstimmung über Reformschritte erzielt worden sei.

12. September: Drei alawitische Geistliche aus Homs kritisieren die syrische Regierung, die selbst zum Großteil aus Alawiten besteht. Sie verurteilen die von der Regierung gegen Demonstranten ausgeübte Gewalt.

15. September: In Istanbul gründen Oppositionelle den Syrischen Nationalrat. Er besteht aus 140 Mitgliedern; angeblich lebt die Hälfte der Mitglieder in Syrien. Der Rat soll mithelfen, die Regierung zu stürzen und danach eine Übergangsregierung bilden.

Oktober 2011

2. Oktober: Der Syrische Nationalrat will die Opposition gegen die syrische Regierung vereinigen. Vorsitzender ist Burhan Ghalioun aus Paris.

4. Oktober: Russland und China blockieren Verurteilung Assads durch Sicherheitsrat.

7. Oktober: 21 Menschen kommen bei den Demonstrationen in Kurdistan ums Leben. Unter den Getöteten ist auch der kurdische Oppositionelle Maschaal Tammo (53). Tammo war Mitglied der kurdischen Zukunftspartei und des Syrischen Nationalrates.

12. Oktober: Im Stadtzentrum von Damaskus findet die größte Demonstration zur Unterstützung der syrischen Regierung statt. Zehntausende Menschen nehmen daran teil.

14. Oktober: Die vom UN-Menschenrechtsrat bestätigte Anzahl Getöteter seit Beginn der Proteste erreicht 3 000.

November 2011

2.–4. November: Vereinbarung zwischen der syrischen Regierung und der Arabischen Liga: keine Gewalt gegen Demonstranten, Abzug der Armeeeinheiten aus den Städten und Freilassung politischer Gefangener. Reiseerlaubnis für Journalisten und Menschenrechtsgruppen.

9. November: Auf dem Weg zum Sitz der Arabischen Liga in Kairo wird eine Delegation der syrischen Oppositionsgruppe

»Nationales Koordinationskomitee« von syrischen Demonstranten mit Eiern beworfen. Zunehmende Spaltungen innerhalb der Opposition.

12. November: Aufgrund der fortdauernden Gewalt gegen Regierungsgegner hat die Arabische Liga die Mitgliedschaft Syriens suspendiert.

Dezember 2011

12. Dezember: Auf Grundlage des im August erlassenen Wahlgesetzes werden in ganz Syrien Wahlen auf lokaler Ebene durchgeführt.

13. Dezember: Die UN-Hochkommissarin für Menschenrechte, Navi Pillay, spricht von mehr als 5000 von syrischen Sicherheitskräften getöteten Zivilisten. Außerdem werde in Lagern gefoltert und vergewaltigt. Pillay empfiehlt dem UN-Sicherheitsrat, den Internationalen Strafgerichtshof anzurufen.

16. Dezember: Russland und China erklären sich bereit, im Weltsicherheitsrat eine Resolution gegen die staatliche Gewalt in Syrien zu unterstützen, jedoch ohne Druck, etwa in Form von Sanktionen gegen die Regierung, auszuüben.

22. Dezember: Die ersten Mitglieder der Beobachtermission der Arabischen Liga in Damaskus. Die Beobachtermission wird vom sudanesischen General Mustafa al-Dabi geleitet.

27./28. Dezember: Mitglieder der Beobachtermission zum ersten Mal in Homs. Sicherheitskräfte sind vor Ankunft der Beobachter aus der Stadt abgezogen.

Das syrische Staatsfernsehen berichtet von der Freilassung von 755 kürzlich verhafteten Menschen.

30. Dezember: Bei den größten Protesten seit mehreren Monaten haben landesweit 500000 Menschen gegen die syrische Regierung demonstriert. Nach Angaben von Aktivisten 32 Tote. Die Beobachtermission der Arabischen Liga setzten ihre Besuche in syrischen Orten fort.

2012

Januar 2012

Ende Januar: Die Arabische Liga (AL) bricht ihre Beobachtermission in Syrien ab.

Februar 2012

4. Februar: Eine Resolution des UN-Sicherheitsrates zur Verurteilung der Gewalt in Syrien scheitert bei der Abstimmung an den Vetos Russlands und Chinas.

12. Februar: Leiter der Beobachtermission der AL, General al-Dabi, tritt zurück.

18. Februar: Größte Demonstrationen in Damaskus seit Beginn des Aufstandes.
Zwei Mitglieder der US-amerikanischen Republikanischen Partei, John McCain und Lindsey Graham, fordern Bewaffnung der Opposition

22. Februar: Bei einer Bombardierung von Homs werden unter anderem die Journalisten Rémi Ochlik und Marie Colvin getötet.

24. Februar: In Tunesien findet das erste Treffen der »*Freunde Syriens*«, einer internationalen Kontaktgruppe, statt.

24. Februar: Der ehemalige UN-Generalsekretär Kofi Annan wird von den Vereinten Nationen und der Arabischen Liga zum Sondergesandten für Syrien ernannt.

26. Februar: Referendum über eine neue Verfassung.

März 2012

1. März: Die Armee dringt erneut in Homs ein und erobert in der Rebellenhochburg das Stadtviertel Baba Amr zurück.

6. März: Der stellvertretende Ölminister Abdo Hussameddin sagt sich von der Regierung los.

10./11.März: Annan bei Assad

21. März: Kofi Annans Friedensplan. Syrien akzeptierte den Friedensplan am 25. März. Vertreter des Syrischen Nationalrats äußerten Misstrauen daran.

April 2012

1. April: Zweites Treffen der »*Freunde Syriens*« in Istanbul.

2. April: Die Staaten des Golf-Kooperationsrates überweisen 100 Millionen Dollar an die Freie Syrische Armee. Den größten Anteil sollen Saudi Arabien, Katar und die Vereinigten Arabischen Emirate gezahlt haben.

6. April: tagesschau.de meldet: 22 000 Menschen aus Syrien in die Türkei geflohen.

10. April: Assad sagt zu, Soldaten aus den Wohngebieten zurückzuziehen.

21. April: Der Sicherheitsrat der Vereinten Nationen beschließt in der Resolution 2043 einstimmig, die Zahl der Beobachter von 30 auf 300 zu erhöhen. United Nations Supervision Mission in Syria (UNSMIS)

Mai 2012

7. Mai: Wahlen zum syrischen Parlament mit Kandidaten von sieben verschiedenen Parteien. Die Hälfte der Sitze wurde allerdings bereits vor der Wahl für die Wahlgruppe »Abgeordnete der Arbeiter und Bauern« reserviert, die von der Baathpartei kontrolliert wird.

10. Mai: Bei zwei Explosionen in der Hauptstadt Damaskus sterben 70 Menschen.

25. Mai: Massaker in der Siedlung Taldo bei al-Hula in der Provinz Homs. UN-Beobachter bestätigen den Tod von 116 Menschen, darunter mindestens 32 Kinder, sowie die Zahl von etwa 300 Verletzten.

29. Mai: Mehrere Staaten, darunter Deutschland, Frankreich, Großbritannien, Italien, Spanien und die Vereinigten Staaten weisen den jeweils ranghöchsten syrischen Diplomaten aus.

Juni 2012

3. Juni: Baschar al-Assad sprach erstmals nach dem Massaker von Hula vor dem syrischen Parlament.

Anfang Juni 2012 ließen Zeugenaussagen regionaler Oppositioneller zum Tathergang des Massakers von Hula Zweifel an der Schuld der Regierung aufkommen. Die Opfer seien fast ausschließlich Angehörige der als regierungstreu geltenden alawitischen Minderheit gewesen.

10. Juni: Der britische Außenminister William Hague schließt ein militärisches Eingreifen des Westens nicht mehr völlig aus.

16. Juni: Aufgrund der anhaltenden Gewalt wurde die UN-Beobachtermission ausgesetzt.

Juli 2012

3. Juli: Die Menschenrechtsorganisation Human Rights Watch berichtete von systematischer Folterung von Gefangenen.
In der Hauptstadt Damaskus kam es nun auch zu Kämpfen zwischen der Regierung und der Freien Syrischen Armee.

18. Juli: Anschlag in Damaskus, bei dem unter anderem der syrische Verteidigungsminister Daud Radschha und sein Stellvertreter Assef Schawkat, ein Schwager Assads, sterben. Auch der

syrische Geheimdienstchef Hischam Bechtjar stirbt als Folge des Anschlags am 20. Juli.

August 2012

10. August: Nach Angaben der Syrischen Beobachtungsstelle für Menschenrechte werden drei Journalisten des Syrischen Staatsfernsehens von Oppositionellen entführt.

15. August: Die OIC beschließt die Suspendierung Syriens. Die von der UNO eingesetzte Untersuchungskommission an den Menschenrechtsrat der Vereinten Nationen kommt zu dem Schluss, dass Regierungstruppen und mit der Regierung verbündete Schabiha-Milizen für einen Großteil der im Laufe des Konflikts verübten Kriegsverbrechen und groben Menschenrechtsverletzungen verantwortlich seien.

16. August: Ende der Beobachtermission UNSMIS angeordnet, da die Bedingungen für eine Fortsetzung nicht gegeben sind.

17. August: Der frühere algerische Außenminister Lakhdar Brahimi als Nachfolger von Kofi Annan als UN-Sondergesandter für Syrien bestimmt.

17. August: Das Flüchtlingshilfswerk der Vereinten Nationen (UNHCR) teilt mit, dass im angrenzenden Ausland über 170 000 Flüchtlinge aus Syrien registriert wurden.

24. August: Nach Angaben der Moskauer Tageszeitung *Nesawissimaja Gaseta* habe die russische Marine beschlossen, vorübergehend die Marinebasis Tartus nicht mehr zu benutzen.

26. August: Es wird über ein Massaker im Damaszener Vorort Daraja berichtet.

September 2012

14. September: Der Sondergesandte der Vereinten Nationen und der Arabischen Liga, Lakhdar Brahimi, führt Gespräche mit Oppositionellen in Syrien.

16. September: Laut Spiegel Online soll die syrische Armee Ende August 2012 mit Unterstützung durch iranische Offiziere in Chanasir nahe as-Safira (östlich von Aleppo) Trägersysteme für Giftgasgranaten getestet haben.

27. September: Bombenanschlag auf das Hauptquartier des syrischen Heeres nahe dem Omayyaden-Platz im Zentrum der Hauptstadt Damaskus. FSA bekennt sich.

Oktober 2012

3. Oktober: Zwischenfall von Akçakale, einem türkischen Dorf an der syrischen Grenze.

November 2012

1. November: Die Organisation Syrischer Menschenrechtsbeobachter veröffentlicht ein Video, das die Exekution von Regierungssoldaten durch Rebellen in der Provinz Idlib zeigt.

4. November: Die syrische Beobachtungsstelle für Menschenrechte meldet, dass die Rebellen ein Ölfeld in der Nähe von al-Mayadin unter ihre Kontrolle gebracht haben.

Dezember 2012

4. Dezember: Bundesregierung beschließt Bundeswehreinsatz in der Türkei mit Patriot-Raketen zur Abwehr von Raketen und Kampfflugzeugen.

12. Dezember: Viertes Treffen der »*Freunde Syriens*« in Marokko.

14. Dezember: Bundestag stimmt Bundeswehreinsatz in der Türkei zu.

2013

Januar 2013

11. Januar: Rebellen erobern den Militärflugplatz in Taftanaz im Nordwesten des Landes.

31. Januar: Geberkonferenz in Kuwait stellt 1,5 Milliarden Dollar für notleidende Syrer zur Verfügung.
Israel greift im Januar Militäreinrichtungen in Syrien an.

März 2013

1. März: Zahl der bisher dem syrischen Bürgerkrieg zum Opfer gefallenen Menschen wird von UN mit rund 70 000 beziffert. 900 000 Menschen in Nachbarländer auf der Flucht.

15. März: Beim EU-Gipfel in Brüssel wird über Waffenlieferungen an die syrischen Rebellen debattiert. Vertreter Frankreichs und Großbritanniens sprachen sich im Vorfeld für Waffenlieferungen an die syrischen Rebellen aus. Deutschland fürchtet eine Eskalation.

22. März: Ein Selbstmordattentäter tötet in einer Moschee einen sunnitischen Geistlichen und 41 weitere Personen.

25. März: Rebellengruppen beschießen das Stadtzentrum mit Mörsern.

28. März: Erneuter Mörserangriff der Rebellen, bei dem ein Universitätsgebäude in Damaskus getroffen wird. Etwa 20 Studenten werden getötet.

April 2013

18. April: Präsident Assad warnt in einem Fernsehinterview, die Unterstützung der Rebellen durch den Westen werde sich gegen den Westen richten.

20. April: Truppen der Regierung stellen nach wochenlangen Gefechten ihre Kontrolle über Darya, einen Vorort von Damaskus, wieder her.

22. April: Zwei Bischöfe, einer der Syrisch-Orthodoxen- und einer der Griechisch-Orthodoxen Kirche werden bei Aleppo entführt.

24. April: Das Minarett der Omayyaden-Moschee aus dem 11. Jahrhundert in Aleppo wird getroffen und stürzt ein.

25. April: Vertreter der US-amerikanischen Regierung geben bekannt, dass man Beweise für den Einsatz von chemischen Waffen im syrischen Bürgerkrieg habe. Welche Seite das Giftgas eingesetzt hätte, sei unklar.

30. April: Das syrische Staatsfernsehen meldet, dass »Terroristen« im Ort Sarakeb Bewohner zusammengetrieben hätten und sie einem pulverförmigen Stoff ausgesetzt hätten, der zu Erstickungsanfällen und Krämpfen geführt habe.

Mai 2013

3. Mai: Israelische Kampfflugzeuge greifen Waffenlager auf syrischem Boden an.

5. Mai: Israelische Raketen schlagen auf syrischem Gebiet, rund 15 Kilometer von der libanesischen Grenze entfernt, ein. Angriffsziele: Raketenlager, das militärische Forschungszentrum Jamraya, sowie Stellungen der Republikanischen Garden in der Nähe des Präsidentenpalasts.

6. Mai: UN-Kommissarin Carla Del Ponte gibt bekannt, dass den UN Zeugenaussagen von Ärzten und Opfern vorlägen, nach denen Rebellentruppen das Nervengas Sarin in Syrien eingesetzt hätten.

7. Mai: Die beiden Veto-Mächte Russland und USA kündigen in Moskau die Einberufung einer internationalen Syrien-Konferenz an.

8. Mai: Regierungstruppen erobern nach zweimonatiger Belagerung die Stadt Khirbet Ghazaleh, eine wichtige Schlüsselstellung an der Verbindungsstraße zwischen Jordanien und Damaskus im Gouvernement Dar'a.

10. Mai: 42 Menschen sterben bei der Explosion mehrerer Autobomben in der türkischen Grenzstadt Reyhanlı.

18. Mai: Regierungstruppen und regimetreue Milizen beginnen eine Offensive bei dem Ort al-Kusair an der libanesischen Grenze, der Schlüsselposition für den Transport von Waffen und Nachschub aus dem Libanon in die Rebellenhochburg Homs war.

22. Mai: Fünftes Treffen der »*Freunde Syriens*« in Amman.

27. Mai: EU-Außenminister verlängern Sanktionen gegen Syrien, lassen aber das Waffenembargo auf Wunsch von Frankreich und Großbritannien Ende Mai auslaufen.

Juni 2013

1. Juni: Rebellen aus Syrien beschießen erstmals mit Raketen und Mörsern die Baalbek-Region im Libanon, die als Hochburg der Hisbollah gilt.

4. Juni: Eine Untersuchungskommission der UN gibt bekannt, dass chemische Waffen in begrenztem Umfang im syrischen Bürgerkrieg eingesetzt wurden.

5. Juni: Das syrische Staatsfernsehen meldet, das seit drei Wochen umkämpfte Al-Kusair sei nun in der Hand der Regierungstruppen.

6. Juni: Russlands Außenminister Lawrow beklagt, dass sich einige »Partner« Russlands gegen eine Teilnahme des Irans an der geplanten Friedenskonferenz für Syrien in Genf sperrten.

6. Juni: Österreich gibt bekannt, seine Blauhelmsoldaten der UNDOF-Mission wegen der erhöhten Gefährdungslage aus den Golanhöhen abziehen zu wollen.

7. Juni: Regierungstruppen rücken gegen verbliebene Rebellenstellungen nördlich von Al-Kusair vor.

13. Juni: Die US-Regierung verkündet, dass man sicher sei, dass das syrische Regime Chemiewaffen im Kampf gegen die Rebellen eingesetzt habe.

14. Juni: Hassan Rohani wird zum Präsidenten des Iran gewählt.

21. Juni: Die Vereinten Nationen bewerten die Daten über Chemiewaffeneinsätze, die von den USA, Frankreich und Großbritannien gesammelt worden waren, als nicht aussagekräftig genug.

23. Juni: In der Nähe von Idlib überfallen den Rebellen zugeordnete Kämpfer ein katholisches Kloster und töten einen Franziskanermönch, der sich ihnen in den Weg gestellt hatte.

25. Juni: UN-Generalsekretär Ban Ki Moon spricht von über 100 000 Toten im syrischen Krieg.

26. Juni: Russland gibt bekannt, dass das verbliebene Wartungspersonal aus der russischen Marinebasis im syrischen Tartus abgezogen werde.

29. Juni: Regierungstruppen und regimetreue Milizen beginnen eine Offensive gegen die Provinzhauptstadt Homs.

Juli 2013

6. Juli: In Al Dana nahe der türkisch-syrischen Grenze kommt es zu bewaffneten Auseinandersetzungen zwischen verschiedenen Rebellengruppen.

9. Juli: Russlands UN-Botschafter Tschurkin informiert den UN-Generalsekretär, sein Land sei vom Chemiewaffeneinsatz durch Rebellen in Syrien bei Khan al-Assal überzeugt.

11. Juli: Kämpfer der Al-Qaida nahestehenden ISIS-Brigade töten den FSA-Kommandeur Kamal Hamami.

12. Juli: Angriff der syrischen Luftwaffe auf die Rebellengarnison, die sich innerhalb der Mauern der Kreuzfahrerfestung *Crac des Chevaliers* verschanzt hat.

18. Juli: Kurdische Kämpfer der PYD erobern die Grenzstadt Ras al-Ain.

28. Juli: Regierungstruppen und regimetreue Milizen erobern die Chalid ibn al-Walid-Moschee in Homs und einen Stadtteil, der zuvor von Rebellen gehalten worden war.

29. Juli: Islamistische Kämpfer der ISIS verschleppen einen katholischen Geistlichen in ar-Raqqa.

August 2013

15. August: Bombenanschlag in der Hisbollahhochburg in Beirut. 22 Menschen sterben, fast 300 werden verletzt. Zu dem Anschlag bekennt sich eine sunnitische Gruppe, die sich ›Brigade von Aisha‹ nennt.

18. August: UN-Inspektoren zur Untersuchung von mutmaßlichem Einsatz von Chemiewaffen treffen in Damaskus ein.

21. August: Die Aufständischen beschuldigen Assad, in Vororten von Damaskus gegen die Bevölkerung Chemiewaffen eingesetzt zu haben. Die Zahl der Toten wird zwischen 500 und über 1 000 angegeben. Die USA sprechen später von über 1 400 Toten.

23. August: Doppelanschlag in der nordlibanesischen Stadt Tripoli gegen zwei sunnitische Moscheen. Über vierzig Menschen sterben, mehr als 300 werden verletzt.
Die UNO spricht von zwei Millionen Kindern auf der Flucht in Syrien und etwa einer Million Geflüchteten im Nachbarausland. Drei von vier Kindern seien jünger als elf Jahre.

24. August: US-Präsident Obama lässt militärische Optionen gegen Syrien prüfen. Der Iran warnt vor Militärschlägen.

26. August: In Damaskus anwesende Chemiewaffenexperten der UNO besuchen zum ersten Mal den Vorort, in dem eine halbe Woche zuvor Chemiewaffen eingesetzt wurden.

27. August: Die US-Regierung verkündet, sie habe keine Zweifel an der Verantwortung Assads.

28. August: Bundeskanzlerin Angela Merkel und Außenminister Guido Westerwelle verurteilen den Chemiewaffeneinsatz auf das Schärfste als »ein entsetzliches Verbrechen an Männern, Frauen und Kindern« und »ein zivilisatorisches Verbrechen«. Sie verlangen Konsequenzen, lehnen aber eine Beteiligung der Bundeswehr an einem Militärschlag ab.

29. August Das britische Unterhaus lehnt eine Teilnahme britischer Streitkräfte an einer militärischen Aktion gegen Syrien ab.

31. August. Die UN-Inspektoren verlassen Syrien.
Obama gibt seine Entscheidung bekannt, mit einem Militärschlag von kurzer Dauer das Assad-Regime bestrafen zu wollen. Bodentruppen werden nicht eingesetzt. Vorher wolle er aber den Kongress befragen.

September 2013

4. September: Beginn eine Debatte über einen Militärschlag gegen Syrien in der französischen Nationalversammlung. Keine Abstimmung. Präsident Hollande kann ohne Abstimmung über einen Militäreinsatz entscheiden.

5. September: Beginn des G20-Gipfels in St. Petersburg; Begegnung Putin und Obama.

6. September: In Sachen Syrien gab es zwischen Putin und Obama auf dem G20-Gipfel keine Einigung.
Zehn Staaten unterstützen mit einer Erklärung die Syrienpolitik der USA, Merkel unterschreibt nicht.

7. September: Überraschend verkündet der französische Präsident Francois Hollande, Frankreich werde erst nach dem UN-Bericht über den Einsatz von Chemiewaffen in Syrien über einen Militärschlag entscheiden. Die Bundesregierung schließt sich der Erklärung der EU-Außenminister an, mit der sich die EU-Staaten auf dem G20-Gipfel hinter die USA gestellt hatten und unterschreibt nachträglich die Erklärung der Zehn von Petersburg.

9. September: Erster Arbeitstag der Mitglieder des amerikanischen Kongresses nach den Parlamentsferien. Obama startet seine Überzeugungsoffensive.
Russlands Außenminister Sergej Lawrow fordert die syrische Regierung auf, ihre Chemiewaffen unter internationale Kontrolle zu stellen. Dem widerspricht der syrische Außenminister Walid al bei seinem Besuch nicht.
Der amerikanische Senat verschiebt seine für kommenden Mittwoch geplante Probeabstimmung auf unbestimmte Zeit.

10. September: Die russische Nachrichtenagentur Interfax meldet, die syrische Regierung sei bereit, ihre Chemiewaffenvorräte internationaler Überwachung zu unterstellen.

11. September: Rede Obamas an die Nation. Er setzt auf Diplomatie, lehnt aber die »Rolle des Weltpolizisten« ab. Die Kriegsschiffe vor der syrischen Küsten bleiben in Bereitschaft.
In Hannover treffen die ersten 107 der 5000 syrischen Flüchtlinge ein, die Deutschland aufnehmen will.

12. September: Der russische und der amerikanische Außenminister verhandeln in Genf über Syriens Chemiewaffen.
Syrien beantragt den Beitritt zur Chemiewaffenkonvention.

14. September: USA und Russland einigen sich in Genf über die Vernichtung der syrischen C-Waffen. Assad muss innerhalb einer Woche sein Chemiewaffenprogramm offenlegen.

16. September: In New York legt Un-Generalsekretär Ban Ki Moon dem Sicherheitsrat den Bericht der Chemiewaffeninspekteure vor. Damaskus verspricht die Auflagen der Kerry-Lawrow-Vereinbarung zu erfüllen.
In Genf wirft die UN-Kommissarin für Menschenrechte, Navi Pillay, sowohl der syrischen Regierung als auch den Aufständischen massive Menschenrechtsverletzungen vor.

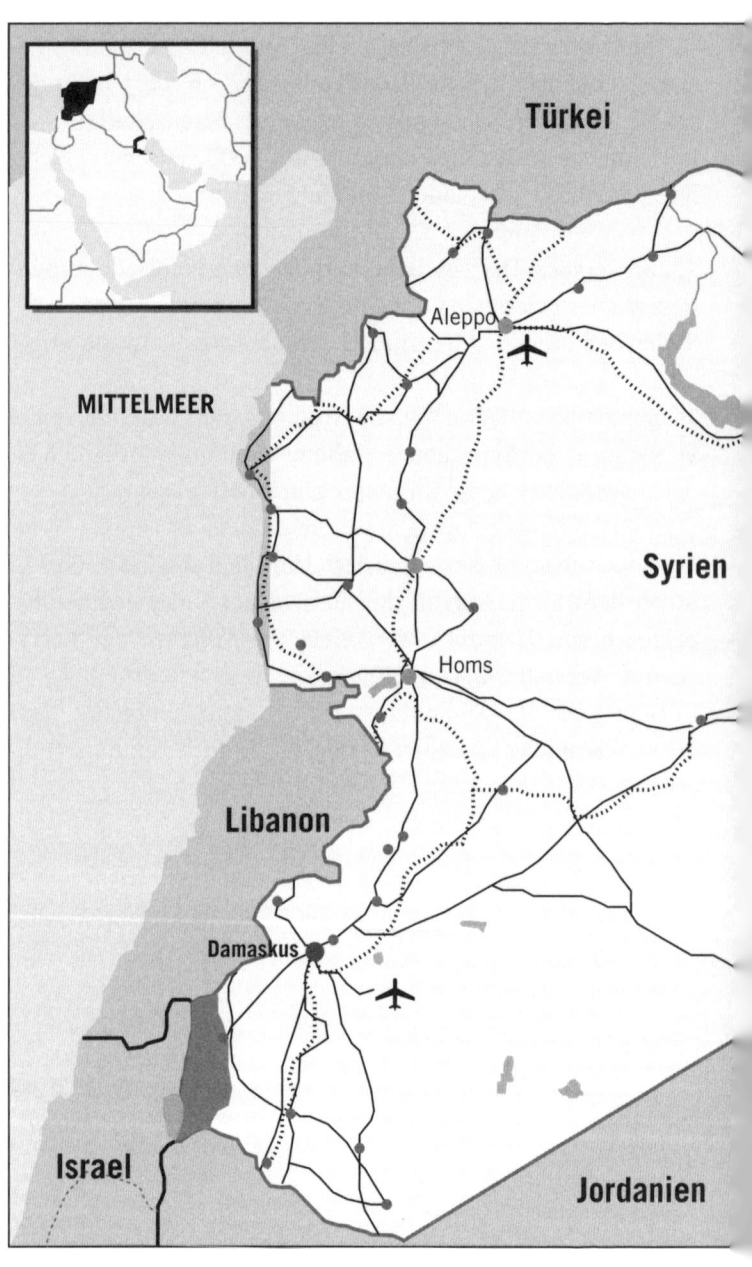

Türkei

MITTELMEER

Aleppo

Syrien

Homs

Libanon

Damaskus

Israel

Jordanien

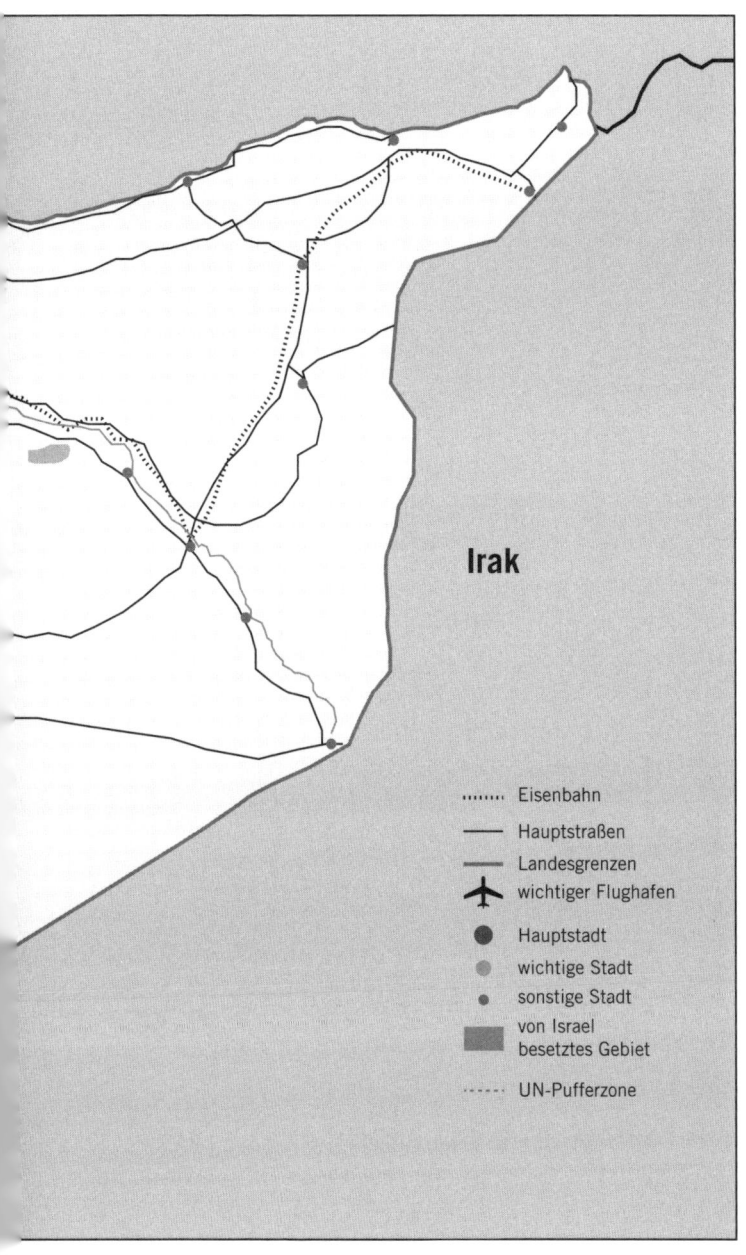

Irak

········	Eisenbahn
——	Hauptstraßen
——	Landesgrenzen
✈	wichtiger Flughafen
●	Hauptstadt
●	wichtige Stadt
●	sonstige Stadt
▬	von Israel besetztes Gebiet
------	UN-Pufferzone

288 Seiten
ISBN 978-3-86489-043-7
€ 19,99

STAATSSTREICH IN AMERIKA
JFK

Seit dem Mord an J. F. Kennedy vor fünfzig Jahren treibt die Frage nach dem »Wer war's« die Forschung um. Mathias Bröckers will aber wissen: Warum musste Kennedy sterben? Er unterzieht die neuesten Erkenntnisse und Deutungen der verschiedenen Lager einer umfassenden Prüfung. Denn nur noch die Klärung der Motive kann die Frage beantworten: Wer ist schuld am Tod von JFK?

Fest steht: Seit der Ermordung verfolgen die USA eine bis heute gültige Politik militärischer Machtausübung und Interessenwahrung, die von Vietnam über Afghanistan bis zum Irakkrieg reicht.